FACULTÉ DE DROIT DE PARIS

DROIT ROMAIN

ÉTUDE SUR LES PARTICULARITÉS

DU

LEGS D'USUFRUIT

DROIT FRANÇAIS

DES

MARQUES DE FABRIQUE ET DE COMMERCE

ET DU NOM COMMERCIAL

DANS LES RAPPORTS INTERNATIONAUX

THÈSE POUR LE DOCTORAT

PAR

Henri MESNIL

AVOCAT A LA COUR D'APPEL

PARIS

LIBRAIRIE NOUVELLE DE DROIT ET DE JURISPRUDENCE

ARTHUR ROUSSEAU, ÉDITEUR

14, RUE SOUFFLOT ET RUE TOULLIER, 13.

1887

THÈSE
POUR LE DOCTORAT

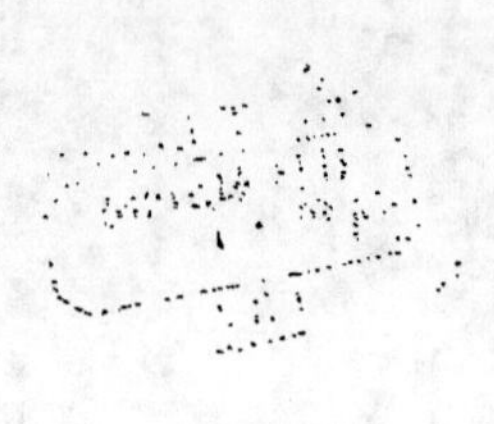

DROIT ROMAIN

ÉTUDE SUR LES PARTICULARITÉS

DU

LEGS D'USUFRUIT

DROIT FRANÇAIS

DES

MARQUES DE FABRIQUE ET DE COMMERCE

ET DU NOM COMMERCIAL

DANS LES RAPPORTS INTERNATIONAUX

THÈSE POUR LE DOCTORAT

L'ACTE PUBLIC SUR LES MATIÈRES CI-APRÈS

Sera soutenu le jeudi 30 juin 1887 à une heure.

PAR

Henri MESNIL

AVOCAT A LA COUR D'APPEL

Président : M. RENAULT

Suffragants
{ MM. LYON-CAEN — *Professeur.*
CHAVEGRIN
LE POITTEVIN } *Agrégés.*

PARIS

LIBRAIRIE NOUVELLE DE DROIT ET DE JURISPRUDENCE

ARTHUR ROUSSEAU, ÉDITEUR

14, RUE SOUFFLOT ET RUE TOULLIER, 13.

1887

DROIT ROMAIN

ÉTUDE SUR LES PARTICULARITÉS

DU

LEGS D'USUFRUIT

AVANT-PROPOS

Parmi les modes de constitution de l'usufruit, le legs fut, de beaucoup, le plus fréquemment employé à Rome. Il n'en faut pas chercher la raison dans des principes spéciaux au droit romain, mais bien dans le caractère économique du droit d'usufruit et les motifs qui, de tout temps, ont présidé à son établissement. Grever son bien d'usufruit, c'est, presque toujours, faire une mauvaise opération qui trouve une excuse seulement dans une pensée de libéralité ; or on sait que rarement les hommes sont généreux par acte entre vifs, parce que rarement leur générosité va jusqu'au sacrifice.

C'est dans ces considérations, purement humaines, qu'il faut chercher la cause de la multiplicité des textes qui, dans la matière de l'usufruit, indiquent ou supposent le legs comme source de ce droit. A raison de cette multiplicité même, on comprendra aisément qu'il n'a pu entrer dans nos desseins d'interpréter ici tous les passages qui se rapportent à notre legs, autrement il nous aurait fallu étudier dans ses détails la théorie complète de l'usufruit lui-même.

L'objet principal de ce travail est de faire ressortir les dérogations que subit la théorie générale des legs et les modifications qui se produisent dans les droits respectifs du légataire et de l'héritier, quand la libéralité porte sur le droit d'usufruit.

Dans un chapitre spécial, intitulé : notions générales, et qui nous servira d'introduction, nous n'aurons le plus souvent qu'à faire à notre legs l'application des principes généraux ; aussi avons-nous réduit les proportions de ce chapitre autant que nous le permettait le désir de présenter une exposition méthodique du sujet. Dans les chapitres suivants, qui répondent plus exactement au titre de notre étude, nous passerons en revue les particularités principales du legs d'usufruit. Enfin nous réservons nos deux derniers chapitres à l'étude de deux matières inséparables du legs d'usufruit, le legs de quasi-usufruit et le fidéicommis d'usufruit.

INTRODUCTION

NOTIONS GÉNÉRALES

I. — Des choses dont on peut léguer l'usufruit

On peut léguer l'usufruit de toutes les choses susceptibles d'être grevées de ce droit. Pour faire connaître
les choses qui peuvent être l'objet d'un legs d'usufruit,
il nous suffira donc de rappeler à quels biens l'usufruit
lui-même peut s'appliquer. A cet égard, si l'on s'en
tenait aux termes de la loi 3, § 1er au *Digeste* L. VII,
t. 1er, on pourrait croire que toutes les choses *in commercio* (*Inst*. L. II, t. 20, § 4) peuvent être grevées
d'un véritable usufruit. Cette loi, en effet, porte ces
mots : « *Constitit autem ususfructus non tantum in
fundo, et œdibus, verum etiam in servis et jumentis,
CŒTERISQUE REBUS.* » Cependant il est certains
biens dont la nature même répugne à la constitution d'un

droit d'usufruit, ce sont ceux dont on ne peut user sans les détruire. Aussi le droit civil, d'accord avec la raison, ne permettait-il pas de léguer l'usufruit de pareilles choses. C'est ce que nous dit Justinien aux *Institutes* § 2 *de usufructu*. Dans ce passage, en effet, après avoir reproduit la loi du *Digeste* que nous avons citée, il ajoute, en rétablissant sans doute la pen_sée du jurisconsulte qu'il avait écourtée au *Digeste* : « *exceptis iis quæ ipso usu consumun!ur.* »

Nous étudierons dans un chapitre spécial les conséquences de cette rigueur du droit civil, et nous verrons comment un Sénatus-consulte y apporta un adoucissement en permettant d'établir sur ces choses un droit analogue à l'usufruit. Qu'il nous suffise de retenir, pour le moment, que l'usufruit véritable, et partant le legs d'usufruit, ne pouvait porter sur les choses qui se consomment par le premier usage. Nous ajouterons qu'il était également impossible d'établir un usufruit sur les biens incorporels, parce que les Romains ne concevaient pas ce droit sans un objet matériel sur lequel il pût s'exercer. Ces deux décisions sont d'ailleurs déduites directement de la définition même du droit d'usufruit que nous trouvons aux *Institutes. L. II. t. 4. de usufruclu : « Ususfructus est jus alienis rebus utendi fruendi, salva rerum substantia ; Est autem jus in corpore quo sublato et ipsum tolli necesse est.* »

II. — Effets du legs d'usufruit.

Avant Justinien les effets du legs d'usufruit, comme ceux de tout autre legs, variaient suivant la formule employée par le testateur : tantôt le légataire était investi *hic et nunc* du droit réel d'usufruit, tantôt il acquérait seulement le moyen d'en exiger la constitution. Nous allons donc passer rapidement en revue les différentes formules des legs, nous indiquerons à quelle catégorie de biens chacune d'elles s'applique, et, suivant les époques, quels effets elle produit.

1° *Avant le Sénatus-consulte Néronien*

Pour être valable, le legs *per vindicationem* de l'usufruit devait porter sur une chose dont le testateur avait la propriété quiritaire à la fois au moment de la confection du testament et au moment de l'ouverture du legs. C'est ce qui résulte du fragment 196, Com. II, de Gaïus : le jurisconsulte ajoute que cette règle, par exception, ne s'appliquait pas au legs de choses *quæ pondere numero mensura constant* ; il suffisait pour que ce dernier legs fût valable, que le testateur ait eu la propriété au moment de sa mort. La décision de

Gaïus vise seulement le legs de propriété, mais il est certain qu'elle s'appliquait aussi au legs d'usufruit, démembrement de la propriété.

Le legs *per vindicationem* de l'usufruit n'était donc pas valable s'il portait soit sur la chose d'autrui, soit sur la chose de l'héritier.

L'effet du legs d'usufruit fait au moyen de cette formule était d'investir le légataire directement du droit réel d'usufruit dès l'époque de l'ouverture de son droit (*dies cedens)*, époque que nous aurons plus tard à déterminer.

Per damnationem on pouvait léguer d'abord l'usufruit de toutes les choses susceptibles d'être léguées *per vindicationem*, et, de plus, l'usufruit des biens dont le testateur n'était pas propriétaire, soit qu'ils fussent la propriété de l'héritier, soit qu'ils appartinsent à autrui.

Par l'effet de ce legs le légataire devenait titulaire d'une créance *quasi ex contractu*, (L. 5, § 2. *Dig.* L. XLIV, t. 7) tendant à obtenir de l'héritier qui avait fait adition la constitution à son profit de l'usufruit légué. (Paul, *Sent.* L. III, t. 6, § 17.) Si l'usufruit légué portait sur la chose du testateur ou celle de l'héritier, pas de difficulté, mais qu'arrivait-il quand le testateur avait légué l'usufruit de la chose d'un tiers ? A cet égard il fallait faire les mêmes distinctions que

pour le legs de propriété : si le testateur avait ignoré
que la chose fût à autrui, le legs était nul ; mais si le
légataire prouvait (*Inst.* L. II, t. 20, § 4) que le testateur avait fait le legs en connaissance de cause, la disposition était valable. En ce dernier cas, l'héritier était
tenu d'obtenir du propriétaire de la chose la constitution de l'usufruit au profit du légataire. Si ce propriétaire s'y refusait ou exigeait une somme exorbitante
pour y consentir, l'héritier se libérait, soit en fournis-
sant l'usufruit d'une chose de mêmes nature et valeur,
si cela était possible, soit en payant au légataire une
indemnité équivalente au profit qu'il devait attendre
du legs. Tels étaient les principes établis pour le legs
de propriété, et on ne voit pas pourquoi ils ne se seraient
pas appliqués également au legs d'usufruit. (*Inst.* L.
II, t. 20, § 4 ; L. 14, § 2 *Dig.* L. XXXII.)

Le legs *per damnationem* pouvant porter sur une
chose dont on n'a pas encore la propriété, mais qu'on
acquierra plus tard, il en résulte qu'un usufruitier
pourra léguer valablement son usufruit au moyen de
cette formule, pourvu que la pleine propriété soit entre
ses mains au moment de son décès, car il est à remarquer que la règle *Catonnienne* ne s'appliquait pas au
legs d'usufruit (L. 3. *Dig.* L. XXXIV, t. 7). C'est, du
reste, la solution de la loi 3 § 1er *de legatis* 1º ; cette loi
n'indique pas, il est vrai, que sa décision s'applique

exclusivement au legs *per damnationem*, par la raison qu'au temps de Justinien toutes les sortes de legs produisaient les mêmes effets, mais il est certain que Pomponius, son auteur, faisait cette restriction ; en effet, jusqu'à Justinien, le legs *per vindicationem* n'était pas valable comme tel si la chose léguée n'appartenait pas au testateur au moment de la confection du testament et au moment de l'ouverture du legs.

Nous n'avons rien de particulier à dire sur l'application à l'usufruit du legs *sinendi modo.* Les mêmes questions qui s'agitaient à propos du legs de propriété se retrouvent à propos de notre legs. On sait que ce legs pouvait porter soit sur une chose dont le testateur a eu la propriété quiritaire ou bonitaire, soit sur une chose appartenant à l'héritier au moment du *dies cedens.*

Quant au legs *per præceptionem*, les doctrines opposées des Sabiniens et des Proculéiens devaient les conduire à des solutions différentes aussi bien quand ce legs portait sur l'usufruit que lorsqu'il avait la propriété pour objet. Nous ne reproduirons pas ici leur controverse qui n'offre rien de spécial à notre matière.

2o Depuis le Sénatus-consulte Néronien jusqu'à Justinien.

Les dispositions de ce Sénatus-consulte validèrent, on le sait, en lui donnant l'effet d'un legs *per damnationem*, tout legs portant sur un objet qu'il eut été impossible de léguer au moyen de la formule employée par le testateur. Ainsi furent validés et traités comme legs *per damnationem*, les legs d'usufruit faits *per vindicationem*, quoique portant sur une chose dont le testateur n'avait que la propriété bonitaire, sur la chose de l'héritier ou sur la chose d'autrui. De même on valida le legs *per vindicationem* ayant pour objet l'usufruit d'un bien dont le testateur n'avait eu la propriété qu'au moment du décès, et non au moment de la confection du testament. En général et pour toutes les formes de legs, chaque fois que la libéralité eut été valable *per damnationem*, on tenait pour non avenue la nullité provenant de l'impropriété des termes employés, et on considérait le legs d'usufruit comme fait *per damnationem*.

3° *Après la réforme de Justinien.*

A cette époque, il n'y a plus à distinguer, quant aux effets du legs, suivant que le testateur a employé telle ou telle formule ; toutes les formes de legs produisent le même effet : le légataire, par la vertu même de la disposition testamentaire, est toujours investi d'une action réelle, d'une action personnelle et d'une action hypothécaire.

Toutefois, malgré la généralité des termes dans lesquels Justinien expose sa réforme (L. 1ᵉʳᵉ Code, *Com. de leg*. L.. VI, t. 43.) il est certain que le legs ne produit encore qu'un droit de créance quand il porte sur la chose d'autrui, sur une créance, ou sur des choses qui se comptent et se mesurent non déterminées *in specie*.

III. — Des modalités applicables au legs d'usufruit.

Le terme et la condition sont, parmi les modalités dont peut être affecté l'usufruit, les seules que nous envisagerons ici.

L'usufruit étant un droit essentiellement temporaire, il était naturel qu'on permît, par l'adjontion d'un terme ou d'une condition, d'en reculer ou d'en avancer la naissance ou l'extinction. Ces modalités devaient rencontrer un accueil d'autant plus favorable auprès du législateur, qu'il considérait, non sans raison, le droit d'usufruit comme nuisible à la propriété, et cherchait à en abréger la durée.

Quand il s'agissait d'établir un usufruit entre-vifs, on pouvait rencontrer dans les modes mêmes de constitution un obstacle à l'admission de certaines modalités. Ainsi, dans les modes d'acquisition qui impliquaient l'affirmation immédiate et actuelle d'un droit, comme l'*in jure cessio*, les modalités suspensives ne pouvaient être admises. Pour le legs, au contraire, pas de difficultés de ce genre : toutes les modalités, suspensives ou résolutoires, étaient admises, pourvu qu'elles n'eussent pas pour effet de reculer l'époque d'ouverture de l'usufruit au décès ou au delà du décès de l'usufruitier, ou d'en prolonger la durée après sa mort. *Titio quum morietur ususfructus inutiliter legari intelligitur, in id tempus videlicet collatus, quo a persona discedere incipit,* dit Modestin (L. 51, *Dig. de usufrutu* L. VII, t. 1), et Paul exprime ailleurs la même idée : (L. 5, *Dig.* L. XXXIII t. 2). Si l'usufruit avait été légué pour un certain temps, la mort ou la *capitis deminutio* survenant avant le terme fixé avait pour effet d'éteindre le droit d'usufruit, le terme n'étant considéré que comme indiquant la durée *maxima* du droit au légataire. Les textes abondent qui nous indiquent la possibilité de léguer l'usufruit *ex die* : « *Ex certo tempore legari potest* » dit Paul, (Frag. Vatic. § 49) et Ulpien : « *Posse enim usumfructum ex die legari et in diem constat.* » (L. un § 3 *Dig. Quando dies.* L. VII t. 3) Beaucoup d'autres supposent un usufruit légué sous condition. (L. 54, *Dig.* L. VII, t. 1er; L. 16, *Dig.* L. VII t. 4).

Quant l'usufruit a été légué à terme ou sous condition, le droit de jouir, en attendant l'arrivée du terme ou l'événement de la condition, reste à celui qui a conservé la propriété, c'est-à-dire à l'héritier, ou au légataire de propriété si son legs est pur et simple.

Dans le cas où il a été légué un usufruit sous condition, d'une part, et la propriété, *deducto usufructu*, d'autre part, il semblerait que l'usufruit dût rester à l'héritier en attendant la réalisation de la condition, par application du principe que l'héritier garde tout ce qui ne lui est pas enlevé expressément. Les textes, pourtant, décident que, même en ce cas, l'usufruit passera au légataire de la nue-propriété (L. 4. *Dig.* L. VII t. 6). Le jurisconsulte appuie sa décision sur l'intention présumée du testateur qui, en déduisant l'usufruit du legs de propriété, n'a entendu l'enlever au légataire que s'il revenait au légataire d'usufruit.

Au contraire, si le legs d'usufruit était pur et simple et le legs de propriété conditionnel, l'héritier profiterait de l'extinction de l'usufruit survenue avant que la condition du legs de propriété se fût réalisée.

CHAPITRE PREMIER.

On peut léguer l'usufruit au moyen de deux procédés différents : d'abord le testateur peut simplement léguer l'usufruit d'un bien, et dans ce cas la nue-propriété reste à l'héritier ; c'est le legs d'usufruit le plus commun. On peut encore léguer la nue-propriété à une personne et l'usufruit à une autre, mais, dans cette hypothèse, il faut que le testateur ait énoncé son intention dans des termes qui ne laissent place à aucun doute, sans quoi cette intention pourrait être méconnue par l'application du principe que le legs d'un fonds comprend à la fois le legs de la nue-propriété et le legs de l'usufruit. Nous trouvons dans la loi 19 *au Digeste de usu et usuf. leg.* L. XXXIII, t. 2, le règlement des droits respectifs du légataire de la pleine-propriété et du légataire d'usufruit pour un cas où le testateur n'a pas exprimé clairement son intention : Soit Primus le légataire du fonds, Secundus étant légataire de l'usufruit de ce même fonds. Le texte fixe ainsi l'étendue des droits de chacun : Primus aura toute la nue-propriété du fonds, et, de plus, la moitié de l'usufruit, car son titre lui donne aussi bien vocation à l'usufruit qu'à la nue-propriété. Sur la nue-propriété il ne subit aucun concours, aucune réduction, mais sur l'usufruit il rencontre le droit de Secundus qui est égal au sien et qui doit le réduire de moitié. Le résultat est le même que s'il y avait trois legs, deux d'usufruit et un de nue-propriété, ce dernier au profit d'un des légataires d'usufruit. Le texte nous indique ensuite en quels termes le testateur aurait dû s'exprimer s'il avait eu l'intention de léguer à l'un la nue-propriété seulement, à l'autre tout l'usufruit : « *Titio fundum detracto usufructu lego, vel Seio ejusdem fundi usumfructum heres dato.* »

La décision de cette loi est d'autant plus remarquable qu'elle est contraire à la solution admise dans le cas où le juge adjugeait à l'un des co-partageants une chose, et à l'autre l'usufruit de cette même chose. Alors, en effet, on interprétait la sentence en ce sens que la nue-propriété seule revenait au premier, et l'usufruit tout entier au second. (L. 16, § 1. *Dig. fam. erc.*)

Cette divergence des deux solutions tient à ce que, dans cette dernière matière, l'intention du juge était prise en plus sérieuse considération que les termes mêmes dont il s'était servi. Au contraire, dans le legs, on interprétait à la lettre, du moins quant à l'étendue de la libéralité, les paroles employées dans la formule. Là, comme le dit Modestin, « *plus valet scriptura quam peractum sit.* »

C'est en se basant sur le même principe qu'on inter-
prètera la loi 9, L. VII, t. 2 *de usuf. accr.* Le cas prévu
par le jurisconsulte est le suivant : un fonds a été légué
à deux personnes *(Primus et Secundus)* et l'usufruit
de ce même fonds à Tertius. Comment se partagera
l'usufruit entre ces trois légataires, puisqu'il est entendu
que le legs du fonds, implique vocation à l'usufruit en
même temps qu'à la nue-propriété ? Le texte décide que
l'usufruit se partagera entre Tertius d'une part et les
deux autres légataires d'autre part, de telle sorte que
Tertius en aura à lui seul la moitié, tandis que l'autre
moitié sera partagée entre Primus et Secundus. Comment expliquer ce résultat ? Primus et Secundus sont
légataires, chacun d'une moitié de la pleine propriété,
c'est-à-dire d'une moitié de l'usufruit et d'une moitié de
la nue-propriété. Tertius n'a rien à prétendre sur leur
nue-propriété, mais, légataire de l'usufruit tout entier,
il vient en concours avec chacun d'eux sur sa moitié
d'usufruit, conformément au principe de la loi 19 ; il
obtiendra dans ce concours un quart pris à Primus, et
un autre quart pris à Secundus. Enfin de compte il
aura la moitié de l'usufruit, et les deux autres chacun
un quart.

La règle que nous avons trouvée dans ces deux textes
était si bien établie qu'elle fut transportée dans la
matière du quasi-usufruit. Elle est appliquée dans la
loi 6 au titre *de usufructu earum rerum...* En cette
matière cependant, le doute eut été permis ; en effet,

pour les biens qui font l'objet du quasi-usufruit, il était
impossible de dire que le legs de propriété se décomposait en deux éléments, (legs de nue-propriété, d'une
part, et legs d'usufruit d'autre part) puisque la nature
même de ces biens répugnait à la constitution de l'usufruit, et qu'il avait fallu recourir à une disposition
législative spéciale, rendue sous la forme d'un sénatus-
cousulte, pour établir sur eux une sorte de droit de
jouissance. Les jurisconsultes Romains n'ont cependant
pas hésité à pousser jusque-là l'analogie établie par le
sénatus-consulte entre l'usufruit et le quasi-usufruit.
Julien, dans la loi en question, suppose deux legs distincts : par le premier la propriété de dix mille sesterces
est conférée à Primus ; par le second, l'usufruit de la
même somme est légué à Secundus, et le texte conclut
que Primus devra remettre cinq mille sesterces à Secundus qui s'engagera sous caution à les rendre à la fin
de l'usufruit. Pour justifier cette décision, le jurisconsulte n'invoque pas d'autre argument que l'analogie
avec ce qui aurait lieu s'il s'agissait, non d'une somme
d'argent, mais d'un fonds. Il faudrait donner la même
solution dans tous les cas de quasi-usufruit, que l'objet
du legs fût une somme d'argent ou toutes autres choses auxquelles s'appliquait le sénatus-consulte. En effet,
d'abord la règle est insérée sans restriction dans le
titre où sont exposés les principes généraux du quasi-
usufruit, de plus, il n'y avait aucune raison pour
traiter différemment le legs d'une somme d'argent,

puisque, dans ce cas comme tous les autres cas de quasi-usufruit, le légataire a toujours les mêmes droits et les mêmes obligations : droit de disposition entière pendant la durée de l'usufruit, obligation de restituer l'équivalent à son extinction.

CHAPITRE II

Dans les legs ordinaires, le *dies cedens*, c'est-à-dire l'époque à laquelle le droit au legs s'ouvre pour le légataire, se plaçait au moment de la mort du testateur (ou de *l'apertura tabularum*, depuis la loi Papia Poppœa jusqu'à Justinien) pour le legs pur et simple ou à terme, et au moment où la condition se réalisait pour le legs fait sous la condition. La fixation du *dies cedens* a son importance à divers points de vue : c'est à partir de cette époque que le droit au legs devient transmissible aux héritiers du légataire ; c'est d'après l'état de la chose léguée à ce moment qu'on apprécie l'étendue de la libéralité ; enfin c'est encore au *dies cedens* qu'on se place pour déterminer la capacité de l'appelé.

En matière de legs d'usufruit, les textes nous montrent que le *dies cedens* avait été fixé : pour les legs purs et simples à l'acquisition de l'hérédité, pour les legs conditionnels à l'avènement de la condition, et pour les legs à terme à l'arrivée du terme. Pour les legs purs et simples et les legs à terme, c'était, on le voit, une dérogation à la règle générale.

Comment expliquer cette dérogation ? Les textes nous en donnent d'abord la raison suivante : l'usufruit, dit Ulpien, n'est établi que du jour où quelqu'un peut jouir. (L. 1, § 2, *quando dies, Dig.* ; *Conf. Vat. frag.* § 60).

Ainsi, du caractère personnel de l'usufruit on déduisait cette conséquence qu'il ne saurait se concevoir sans une personne pour l'exercer. Dès lors, le droit à l'usufruit ne pouvait se fixer avant que les actes de jouissance pussent en fait commencer ; idée bien subtile, à coup sûr, et exagération certaine du principe de la personnalité du droit.

Derrière cet argument théorique, qui n'avait pas séduit le jurisconsulte Labéon, il y avait d'autres raisons, d'ordre pratique, pour modifier ainsi la date du *dies cedens* quand il s'agissait d'un legs d'usufruit. D'abord, en cette matière, la nature même du droit légué empêchait de se produire, sinon toutes les conséquences ordinaires de l'ouverture du legs, du moins la plus importante d'entre elles, c'est-à-dire la transmissibilité du droit aux héritiers du légataire. C'est ce qui fait dire à Ulpien (L. 3, L. XXXVI, t. 2, *Dig.*) : *cum ad heredem non transferatur, frustra est si ante quis diem ejus cedere dixerit.* » Ulpien exagère, puisque la transmissibilité du legs n'est pas le seul effet produit par la *diei cessio*, mais cette exagération même montre bien qu'on avait pris en grande considération le motif qu'il allègue. Ainsi donc, la personnalité du droit d'usufruit enlevait à la règle ordinaire sur l'ouverture du legs presque toute sa raison d'être. Mais cela n'aurait sans doute pas suffi pour esquiver son application en notre matière, si elle n'avait présenté ici des inconvénients qu'elle ne faisait pas naître ailleurs.

Ces inconvénients proviennent de l'effet de la *capitis minutio* : on sait qu'elle éteint l'usufruit et même le droit à l'usufruit (L. 1, *Dig*. L. VII, t. 4). Si l'on avait admis la règle générale, pour le legs d'usufruit pur et simple ou à terme, le *dics cedens* aurait été fixé au jour de la mort du testateur ou de l'*apertura tabularum*, suivant les époques. Si entre ce moment et le *dics veniens* (jour de l'adition ou du terme) une *capitis minutio* s'était produite en la personne du légataire, le droit à l'usufruit, déjà né, se fût éteint sans recours, et la volonté du testateur eut été lettre morte. Au contraire, en plaçant le *dies cedens* au moment de l'adition ou à l'époque du terme, jamais l'usufruit ne s'éteindra avant que le légataire survivant à cette époque n'ait eu le moyen d'en tirer quelque profit : la volonté du testateur sera ainsi respectée.

Cette régle spéciale à notre legs avait donc pour but de favoriser le légataire, mais, par contre, elle l'exposait, dans certains cas, à des inconvénients auxquels il aurait échappé avec la doctrine ordinaire. En effet, il pouvait arriver que l'héritier reculât le moment de faire adition pour lui nuire et l'empêcher ainsi d'entrer en jouissance. Le légataire n'était pas désarmé contre cette mauvaise volonté de l'héritier : s'il parvenait à la prouver, il avait droit à une indemnité calculée d'après l'avantage que lui aurait procuré la chose léguée depuis le jour où l'adition aurait dû raisonnablement avoir lieu jusqu'au moment où elle s'était réellement produite (L. 35, pr. *Dig.* L. VII, t. 1). Si la chose avait péri par cas fortuit pendant l'intervalle, on s'arrêtait, dans le calcul de l'indemnité au moment de la perte que libérait l'héritier.

Il pouvait encore arriver que le légataire mourût avant l'adition tardive. Dans ce cas encore l'héritier retardataire devait réparation ; elle était fournie à l'héritier de l'usufruitier et calculée d'après le temps pendant lequel le légataire aurait dû jouir. (L. 36, *in fine. Dig.*, L.VII, t. 1).

La règle qui place le *dies cedens* à l'arrivée du terme pour l'usufruit légué à terme, avait pour le légataire une conséquence heureuse : ordinairement, le terme n'empêche pas qu'il y ait droit acquis, et, si le titulaire de ce droit le porte en justice avant l'échéance, il subit les conséquences de la *plus petitio tempore* : le droit est détruit par l'effet de la *litis contestatio*. Avec la règle spéciale ou legs d'usufruit, le légataire était à l'abri de ces inconvénients. En effet, s'il réclamait son droit avant l'arrivée du terme, il n'avait rien porté en justice, puisque ce droit n'était pas né pour lui ; il conservait donc intacte son action pour l'époque où le droit naîtrait réellement. (L. 1, § 4. *Dig.*, L. VII, t.3).

Soit un legs ainsi conçu : je lègue à Titius dix ou un usufruit. Le légataire ne doit recevoir qu'une chose, il n'y a donc qu'un legs, et, par suite, qu'un *dies cedens*. A quel moment se placera-t-il ? Le texte qui prévoit cette hypothèse fait cette réponse : le légataire devra attendre à la fois la mort du testateur et l'adition d'hérédité ; c'est seulement après ces deux événements qu'il pourra choisir, car c'est seulement alors que le droit aux deux objets légués s'ouvrira pour lui. A cette époque, s'il chosit les dix, on dira que le *dies cedens* a eu lieu à la mort du testateur ; s'il choisit l'usufruit, le *dies cedens* se placera à l'adition d'hérédité, *mortem propter decem, aditionem propter usumfructum spectandum* (L. 14, pr. *Dig.*, L. XXXVI, t. 2).

Le jurisconsulte se demande ensuite ce qui arriverait au cas où le légataire mourrait avant l'adition d'hérédité. Transmettrait-il à ses héritiers le droit aux dix ? « Oui, répond-il, parce que la mort du légataire amène la *diei cessio* ; telle est la décision rapportée par Ulpien, et Julien décidait de même pour le cas ou un legs a été laissé en ces termes : *Seioe decem aut, si pepererit, fundum hæres dato* ». La mort de Seia sans enfant donnait ouverture au legs de dix, qui se transmettait à ses héritiers. Après la mort de Seia la condition ne saurait plus, en effet, se réaliser, donc le legs du fonds est non avenu. De même après la mort du légataire dont nous avons parlé, le legs d'usufruit n'est plus possible. Dans les deux cas la disposition se trouve réduite à un legs pur et simple portant sur dix; le *dies cedens* aura donc lieu à l'époque de la mort du testateur, et le bénéfice de la libéralité sera transmissible aux héritiers. C'est en ce sens qu'il faut interpréter ces mots : *mortuo legatario, dies legati cedit.*

Pour admettre en matière de legs d'usufruit une exception à la règle ordinaire de la *diei cessio* les jurisconsultes avaient donc été guidés surtout par cette considération pratique, que, si le *dies cedens* avait été placé dans ce cas à la même époque que pour les autres legs, le légataire aurait été exposé à voir son droit éteint par la *capitis minutio* avant d'être en mesure de l'exercer. La *capitis minutio* était aussi à craindre après que le légataire était entré en possession, et la pratique avait trouvé encore plusieurs moyens de prévenir alors ses effets extinctifs. Au lieu de léguer l'usufruit dans les termes ordinaires, le testateur le léguait *in annos singulos.* La disposition se décomposait en plusieurs legs, le premier pur et simple, les autres à terme, espacés d'année en année. Le premier legs avait son *dies cedens* au jour de l'adition d'hérédité, les autres seulement à l'expiration de la première, de la seconde, de la troisième année et ainsi de suite. Si le légataire subissait une *capitis minutio* dans le courant d'une année, il perdait bien l'usufruit afférant au reste de cette année, mais, à son expiration, il bénéficiait du legs fait pour l'année suivante et sur lequel la *capitis minutio* n'avait eu aucune prise, puisqu'il n'était pas encore ouvert. *(*L. 1, pr. et § 3, *Dig.* L. VII, t. 3.*)* Tel fut le procédé admis le premier, sans doute, pour parer à l'extinction de l'usufruit résultant d'un changement d'état. Une constitution d'Antonin avait restreint à cette hypothèse du legs *in annos singulos* la faculté de répéter le legs pour qu'il se renouvelât après la *capitis minutio.* (L. 23, *Dig.* L. XXXIII, t. 2). Mais on alla bientôt plus loin, et, pour éviter au légataire la la perte de l'usufruit depuis la *capitis minutio* jusqu'à la fin de l'année où elle s'était produite, on prit l'habitude de léguer *in menses singulos,* et même *in dies singulos,* ou *quandiu vivat.* Arrivé à ce résultat, on pourvait dire que le testateur avait désormais la faculté d'empêcher indirectement la *capitis minutio* de produire ses effets.

On lui permit même de paralyser directement ces effets, en léguant à l'usufruitier *quoties capite minutus erit.* De cette façon, il n'y avait aucune interruption dans la jouissance : l'usufruit éteint renaissait immédiatement.

Entre les deux formes de legs *in annos* ou *in dies singulos* et *quoties capite minutus erit,* il fallait établir une distinction quant à la perte de l'usufruit *non utendo.* Dans le premier cas, la perte de l'usufruit par non usage était impossible puisque chaque année, chaque jour, il renaissait un droit intact; (Argt. L. 28,

Dig. L. VII, t. 4). Dans le second cas, si aucune *capitis minutio* ne venait rajeunir le legs, l'extinction par non usage était possible. (L. 3, pr. *Dig*. L. VII, t.4).

Il pouvait se faire que le *dies cedens* d'un legs d'usufruit pur et simple fût reporté à une époque postérieure même à l'adition d'hérédité. Cela se produisait dans le cas où le légataire était un esclave d'une hérédité encore jacente au moment de l'adition de l'héritier grevé du legs. Dans ce cas, si on avait appliqué la règle admise en matière de legs d'usufruit, la libéralité eut été rendue inefficace par suite de l'idée des Romains que la créance d'usufruit ne saurait naître quand la constitution immédiate du droit réel est impossible. Pour éviter ce résultat, on recula le *dies cedens* jusqu'au jour de l'acceptation de l'hérédité dont l'esclave faisait partie. Alors le droit au legs se fixait sur la tête du maître qui venait de faire adition. (L. un. § 2 *Dig. quando dies. us.* L. VII,t . 4 ; L. 16, § 1er *Dig.* L. XXXVI, t. 2, *quando dies legatorum.*)

CHAPITRE III.

DE L'APPLICATION DE LA LOI FALCIDIE AU LEGS D'USUFRUIT.

Le legs d'usufruit, comme tout autre legs, diminue la part d'hérédité qui doit revenir à l'institué. Si cette part devient inférieure au quart de la succession, il est donc juste que notre legs soit réduit en vertu de la loi Falcidie.

Comment la réduction s'opérait-elle ? D'abord on appliquait le principe posé pour la réduction du legs des servitudes, et on procédait de la manière suivante : on évaluait la valeur de tout l'usufruit légué, et, cette opération faite, on déterminait la part du legs qui devait être réduite en vertu des principes généraux de la loi Falcidie. Le légataire devait alors remettre à l'héritier une somme équivalente à cette réduction. Il bénéficiait ainsi du legs dans la mesure permise par la loi, et, pour le surplus, devenait pour ainsi dire acquéreur à titre onéreux. (L. 7 et L. 1, § 9, *Dig*. L. XXXV, t. 2.)

Plus tard on remarqua que le legs d'usufruit pouvait être divisé comme les autres (L. 81, pr. *Dig.* L. XXXV t. 2), et que rien n'empêchait, s'il devait par exemple, être réduit d'un quart, de laisser au légataire seulement les trois quarts de l'usufruit, l'héritier retenant l'autre quart.

Ainsi l'estimation devint inutile pour opérer la réduction, mais elle resta nécessaire chaque fois qu'il s'agissait de savoir si les biens légués excédaient les trois quarts disponibles, et cela se présentait dans deux circonstances :

1° Si le testateur avait fait plusieurs legs dont un en usufruit.

2° S'il n'avait pas fait d'autre legs que celui d'usufruit, dans le cas où le legs ainsi fait portait sur plus des trois quarts des biens.

Il faut remarquer, en effet, que dans cette dernière hypothèse, la libéralité ne dépassait pas forcément la mesure permise par la loi Falcidie : le légataire d'après cette loi pouvait recevoir les trois quarts des biens en pleine propriété, il pouvait donc recueillir plus des trois quarts en usufruit. Un legs d'usufruit portant sur l'ensemble d'un patrimoine pouvait même n'être pas sujet à réduction, par suite, soit de l'âge avancé du légataire, soit d'un terme court, assigné à sa durée par le testateur. (L. 29, *Dig.* L. VII, t. 1 ; L. 37, *Dig.* L. XXXIII t. 2.)

Ce qui rend difficile l'estimation de l'usufruit, c'est

que, la plupart du temps, sa durée est incertaine ; on est obligé, pour l'évaluer approximativement, de recourir à un calcul de probabilités. Voici de quelle manière on procédait du temps d'Ulpien : si le légataire avait moins de vingt-ans, on estimait l'usufruit comme s'il devait durer trente ans, et l'héritier en retenait une quote part correspondant à la réduction qui devait être opérée. De vingt ans à vingt-cinq ans, on estimait l'usufruit comme s'il devait s'éteindre au bout de vingt-huit ans. De vingt-cinq ans à trente ans, on comptait vingt-cinq ans pour la durée du droit ; de trente à trente-cinq ans vingt-deux ans ; de trente-cinq à quarante ans, vingt-ans ; de quarante à cinquante ans, autant d'années moins une qu'il en manquait au légataire pour avoir soixante ans. De cinquante à cinquante-cinq ans on comptait neuf ans. De cinquante-cinq ans à soixante ans, sept ans. Après soixante ans, quelque fût l'âge du légataire, on ne comptait jamais que cinq ans (L. 68, pr. *Dig.* L. XXXV. t. 2).

Cette méthode de computation nous est rapportée par Æmilius Macer qui nous dit que, de son temps, un autre système était usité : si le légataire avait moins de trente ans, on estimait l'usufruit d'après une durée de trente ans ; s'il avait plus de trente ans, on assignait à son droit pour l'évaluer, une durée égale au nombre d'années qui lui manquait pour atteindre soixante ans.

On voit que, dans les deux méthodes, l'usufruit ne devait jamais être estimé d'après une durée de plus de trente ans ; c'est la durée *maxima*, et celle que les deux systèmes assignent à l'usufruit d'une personne morale pour l'application de la loi Falcidie, bien que cet usufruit dût, en réalité durer cent ans. (L. 56, *in fine* L. VII, t. 1ᵉʳ ; — L. 8, L. XXXIII, t. 2).

Le second mode de computation présente une lacune évidente ; il ne donne aucune base aux calculs dans le cas où le légataire a plus de soixante ans.

Cujas (ad. Nov. 18, t. 11. Col. 1059 et 1060) applique le calcul d'Ulpien à un usufruit portant sur tous les biens. Le patrimoine du testateur est, suppose-t-il, de 200, il a donc pu léguer 150. D'après Cujas, on estime le revenu de ce patrimoine à 10. Dans le cas où le légataire a soixante-dix ans, on lui prête encore cinq ans à vivre : le legs est alors estimé 50. S'il a 45 ans, on lui suppose une survie de 15 ans, et le legs est évalué 150. Dans les deux hypothèses, pas de réduction. Mais si le légataire avait 40 ans, comme on suppose qu'il jouira du legs pendant 20 ans, la valeur de l'usufruit serait portée à 200 ; le legs, dit Cujas, est réductible d'un quart. Pour opérer cette réduction, ajoute-t-il, l'héritier se fera remettre 50 par le légataire. C'est déjà une erreur, car, nous l'avons vu, au temps d'Ulpien il était admis que la réduction s'opérait d'une autre manière : en supposant un excédent d'un quart, l'usufruitier aurait eu droit aux trois quarts du legs, et l'héritier aurait gardé un quart. Mais, passons sur ce point et prenons la solution de Cujas en elle-même, sans nous inquiéter de la méthode qu'il propose pour opérer la réduction.

Est-il vrai de dire que, dans l'espèce, la réduction devait être d'un quart de la valeur estimative du legs ? Nous ne le croyons pas. Remarquons, en effet, qu'en admettant cette solution, on rend la position de l'héritier bien trop avantageuse : la loi lui réserve seulement un quart en pleine propriété, et, d'après Cujas, il aurait droit au quart de l'usufruit, ce qui, joint à la nue-propriété de tout le patrimoine qui lui revient de par le testament, dépasserait de beaucoup la quote-part à laquelle la loi Falcidie limite son droit. Le calcul de Cujas est donc faux, et cela saute aux yeux pour peu qu'on examine seulement les chiffres sur lesquels il raisonne. Il suppose un patrimoine de 200 en pleine propriété, et, en évaluant l'usufruit de ce patrimoine laissé à une personne de 40 ans, il arrive à donner à cet usufruit la même valeur qu'à la pleine-propriété ! Si, au lieu d'un légataire de 40 ans Cujas avait pris un légataire de 20 ans, il aurait dû, en procédant avec la même méthode, évaluer à 300 l'usufruit de ce patrimoine qui, par hypothèse, ne vaut que 200 en toute propriété !

D'où vient l'erreur de Cujas ? De ce qu'il estime les revenus à venir comme si le légataire devait les toucher au moment du règlement de ses droits. Cependant il est certain que, si le revenu de la première année vaut 10 au moment du *dies cedens,* le revenu des années suivantes vaudra, à la même époque, 10 moins une somme égale aux intérêts de 10 pendant une, deux, trois années, et ainsi de suite. Les Romains n'auraient pas manqué de faire cette remarque, car ils appliquaient une idée analogue dans le cas d'un legs à terme, précisément à propos du calcul de la Falcidie. (L. 45, pr. et L.7. § 4. *Dig.* L. XXXV, t. 2).

Il est dit dans ces lois que, pour estimer un legs à terme, on doit diminuer le capital de ce legs d'une somme égale aux fruits et intérêts dont bénéficiera l'héritier en attendant l'arrivée du terme. Imbus de cette idée, les jurisconsultes romains auraient certainement repoussé le procédé de calcul de Cujas qui se trouve bien trop favorable à l'héritier. En effet, d'après ce procédé, l'usufruitier est obligé de faire l'avance du quart des revenus qu'il ne touchera que successivement en vingt ans, et l'héritier voit son droit augmenté chaque année audela de sa quarte, par les intérêts que produit entre ses mains la somme représentant les revenus futurs.

Comment éviter ces inconvénients.

Pour le legs d'usufruit fait *in singulos annos* nous croyons qu'il ne faut pas hésiter à dire qu'on évaluait l'usufruit en se conformant aux principes admis pour le legs à terme. Le revenu de la première année étant supposé d'une valeur égale à 10 le jour du règlement des droits, le revenu de la seconde devait être estimé 10 moins les intérêts de 10 pendant un an, et ainsi de suite. Le legs fait en cette forme, nous l'avons vu, se décompo ait en un legs pur et simple et en plusieurs legs à terme, dès lors il fallait traiter ces derniers comme de véritables legs à terme quand il s'agissait d'évaluer l'avantage actuel qu'ils procuraient au légataire.

Quant au legs fait dans d'autres formes que *in singulos annos*, nous éprouvons plus d'embarras à dire comment on l'estimait. Ulpien dit que le legs ordinaire d'usufruit *cedit semel*, il n'y a donc plus possibilité de considérer les revenus futurs comme l'objet de plusieurs legs à terme. Peut-être l'évaluation se faisait-elle malgré tout d'après les principes que nous venons d'admettre pour le legs *in annos singulos*, mais l'absence de tout texte ne nous permet pas de l'affirmer, bien que cette solution paraisse la plus rationnelle.

Peut-être, se livrait-on plus simplement à une estimation un peu arbitraire en se basant par exemple sur des indications trouvées dans des contrats antérieurs passés sur l'objet soumis à l'usufruit, ou sur tout autre donnée approximative.

On voit que nous restreignons beaucoup la portée que Cujas donne à la loi 68 pr. *ad legem Falcidiam*. A bien lire cette loi, on s'aperçoit qu'elle dit seulement ceci : l'usufruit sera estimé comme un usufruit de tel ou tel nombre d'années suivant que le légataire aura tel ou tel âge. Les présomptions que pose cette loi rendent l'évaluation possible en supprimant l'incertitude sur la durée de l'usufruit, mais elles ne suppriment pas pour cela toutes les difficultés; il reste, après qu'on a appliqué ces présomptions, à chercher à quelle valeur actuelle correspond l'usufruit du nombre d'années qu'elles commandent d'attribuer au droit du légataire.

Souvent on attache peu d'importance à ce texte sous prétexte que le jurisconsulte qui en est l'auteur avait en vue une matière fiscale, la *lex vicesima hereditatum*, et que ses solutions n'ont pas de valeur en dehors du sujet spécial qu'il traitait. Quelle qu'ait été l'intention d'Æmilius Macer, quels que fussent même les termes de son texte primitif qui peut-être différaient de ceux que nous trouvons au *Digeste*, par le seul fait que la loi est insérée au titre de la loi Falcidie, elle doit prendre une place dans la théorie de la quarte, au moins au temps de Justinien. D'ailleurs, devant les expressions formelles du *Digeste*, on comprend mal qu'on ait cherché à écarter du débat les décisions de cette loi.

Quant à l'usufruit légué à terme *ad quem*, il était probable qu'on l'évaluait en prenant ce terme pour base chaque fois qu'il était plus court que celui résultant des présomptions de la loi 68 pr. Dans le cas contraire, il n'y avait aucune raison de tenir compte du terme fixé par le testateur, puisque la mort anticipée du légataire pouvait mettre fin à l'usufruit avant l'arrivée de ce terme.

Si l'hérédité comprenait des legs d'usufruit sous condition, on appliquait les règles posées au § 7 et suivt. de la loi 1ᵉʳᵉ L. XXXV t. 3, au *Digeste*. Les légataires purs et simples recevaient la part qui leur revenait sans tenir compte des legs conditionnels et promettaient de restituer ce qu'ils auraient reçu en trop par suite de la réalisation des conditions affectant les autres legs.

Au moment où les legs conditionnels s'ouvraient, il y avait lieu à un nouveau règlement de comptes.

Si le légataire s'était mis en possession de son droit malgré l'héritier, et avant la réduction du legs, cet héritier avait, pour ressaisir la possession, l'exercice de l'interdit *quod legatorum*, mais cet interdit ne lui était donné qu'à titre d'*interdictum utile*, parce que l'usufruit n'était pas susceptible d'être possédé réellement. (L. 1. § 8, L. XLIII. t. 3 ; Fg, Vat. § 90).

L'usufruit devait être estimé d'après les mêmes procédés quand il s'agissait d'appliquer les règles sur la quarte légitime ou sur la quarte pégasienne. A vrai dire, nous ne connaissons aucun texte qui donne une décision formelle à cet égard, mais il est probable qu'on faisait usage des mêmes moyens pour répondre à des nécessités de même nature.

L'article 917 du Code civil a pour objet de prévenir les difficultés d'évaluation que nous venons de rencontrer en supprimant l'obligation de recourir à cette évaluation même. Aux termes de cet article, « si une dis
« position par acte entre-vifs ou par testament est d'un
« usufruit ou d'une rente viagère dont la valeur excède
« la quotité disponible, les héritiers au profit desquels
« la loi fait une réserve auront l'option, ou d'exécuter

CHAPITRE IV.

DE LA « CAUTIO USUFRUCTUARIA ».

L'usufruitier et le nu-propriétaire, en tant que titu-laires de deux droits réels portant sur la même chose, ne sont tenus l'un envers l'autre d'aucune obligation. La loi romaine n'a pas établi, comme la loi française un rapport juridique entre eux ; l'usufruitier jouit de son droit dans toute sa plénitude sans être tenu, vis-à-vis du nu-propriétaire, à d'autres devoirs que ceux qui incombent à tous les hommes. « Leurs deux droits reposent côte à côte sur la même chose matérielle, mais leurs titulaires ne se doivent rien. ». (M. Gérardin, *de l'acquisition des fruits par l'usufruitier*, page 13). Durant sa jouissance, l'usufruitier est bien tenu, comme tout le monde, de l'action de la loi *Aquilia*, si, par son fait, il détériore la chose sur laquelle porte son droit, mais il ne répond pas de sa négligence, si grave qu'elle soit, car l'action de la loi *Aquilia* ne compète pas au propriétaire chaque fois qu'il n'a pas à se plaindre d'un *fait* dommageable. (L. 13. § 2. L. VII, t. 1ᵉʳ).

De plus, à la fin de l'usufruit, le propriétaire, pour obtenir la restitution de sa chose, ne dispose contre l'usufruitier ou ses héritiers que des moyens dont il est armé contre tout détenteur sans cause ; il doit donc intenter l'action en revendication et prouver son droit de propriété.

Tels sont, dans toute leur rigueur, les principes fondamentaux qui régissent les relations juridiques de l'usufruitier et du nu-propriétaire.

Il est aisé de comprendre quels inconvénients présentait leur étroite application : le propriétaire, désarmé contre l'inertie de l'usufruitier, était contraint de souffrir les dommages qu'elle causait à sa chose ; il pouvait même perdre son droit si, à la fin de l'usufruit, il se trouvait dans l'impossibilité d'en faire la preuve - souvent difficile.

Pour parer à ces dangers, il semble que, de bonne heure, on eut recours au procédé suivant : avant son entrée en jouissance, l'usufruitier s'engageait à jouir en bon père de famille et à restituer la chose à la fin de l'usufruit. Cette double promesse (*cautio*) le rendait responsable de sa négligence et mettait le nu-propriétaire à l'abri des risques de l'action en revendication. Elle permettait même à ce dernier d'agir contre les héritiers de l'usufruitier qui ne détenaient pas la chose, tandis que la revendication ne les atteignait que s'ils possédaient encore ou avaient cessé par dol de posséder.

De plus, le nu-propriétaire pouvait exiger que les obligations dérivant de la *cautio* fussent garanties par des fidéjusseurs, précaution utile pour le cas où l'usufruitier deviendrait insolvable.

Cet usage, qu'avaient fait naître les nécessités de la pratique, fut consacré par le Préteur qui rendit obligatoire la double promesse de l'usufruitier (L. 1 pr. et § 1, *Dig.* L. VII, t. 9 ; L. 13, pr. *Dig.* L. VII, t, 1er). Désormais celui-ci dut fournir la *cautio usufructuaria* avant d'obtenir la délivrance de l'action contre le nu-propriétaire, et faire garantir ses obligations par des fidéjusseurs.

L'étude de la *cautio usufructuaria* appartient donc, comme on le voit, à la matière de l'usufruit proprement dit, puisqu'on la trouve dans tous les cas où il y a un usufruitier, quel qu'ait été le mode de constitution de son droit. (L. 13 pr. *Dig.* L. VII, t. 1er ; L. 4, Cod. t. XXXIII, L. 3). Mais nous ne l'envisagerons ici que dans son application spéciale au legs d'usufruit.

SECTION II. — *A qui le légataire est-il tenu
de fournir la « cautio »?*

En principe, l'usufruitier doit fournir caution au titulaire de la nue-propriété (héritier ou légataire dans les hypothèses qui nous occupent). Si cette nue-propriété est divisée entre plusieurs héritiers, ils auront droit à

la caution chacun pour leur part. (L. 9 § 4 L. VII, t. 9.
Dig. L. 13 pr. *in fine* L. VII, t. 1ᵉʳ). Mais le seul titre
d'héritier ne donne pas qualité pour la réclamer, et,
chaque fois que la nue-propriété est détachée de la succession pour faire l'objet d'un legs à un tiers, ce tiers,
étant seul intéressé, a seul droit de l'obtenir. (L. 8, *Dig.*
L. VII, t. 9).

Une difficulté se présente quand la nue-propriété a
été léguée sous condition. Alors, en effet, deux personnes ont intérêt à ce que la caution soit fournie : le légataire d'abord, car, si la condition se réalise il deviendra
nu-propriétaire ; l'héritier ensuite, car si la condition
ne se réalise pas, ou si elle se réalise après la fin de
l'usufruit, c'est à lui que reviendra la pleine propriété.
Auquel des deux le légataire devra-t-il faire sa double
promesse ?

La loi 8, *Dig.* L. VII, t. 9 nous révèle que la question
était controversée. Paul, dans cette loi se rallie à l'opinion des jurisconsultes qui voulaient que la *cautio* fût
fournie à la fois à l'héritier et au légataire conditionnel
de la nue-propriété, et il exige également une double
prestation de caution quand la nue-propriété est léguée
à deux personnes successivement. Dans l'opinion ad-
verse, que Paul ne nous rapporte pas mais qu'il est
aisé de deviner, on exigeait seulement une caution,
fournie à l'héritier, qui devait à son tour garantir les
droits du légataire conditionnel au moyen de la *cautio
legatorum*. A la fin de l'usufruit, l'héritier se faisait res-

tituer la chose, qu'il était, à son tour, tenu de remettre
au légataire ; ou bien, il cédait à celui-ci son action contre l'ex-usufruitier ou ses héritiers. Avec l'un ou l'autre de ces procédés, les droits de chacun étaient également sauvegardés.

Le principe que le nu-propriétaire seul a droit à la
caution souffre une exception dans le cas où un legs
d'usufruit a été fait à deux personnes, de telle sorte
que l'une soit appelée à recueillir le droit éteint du
chef de l'autre. (C'est un cas d'accroissement). Alors,
en effet, la loi 8, *in fine* au *Digeste* L. VII. t. 9, nous
dit que chaque usufruitier devra s'engager à rendre
la chose à l'extinction de son droit, soit à son colléga-
taire, soit à l'héritier, si le colégataire lui-même a déjà
perdu son usufruit. C'est donc encore un cas où la
caution devra être fournie deux fois, à deux personnes
différentes.

SECTION III. — *Moyens de droit qui sanctionnent l'obligation
de fournir caution.*

La sanction la plus efficace de l'obligation de fournir caution repose dans le refus de l'action au légataire tant qu'il ne s'en est pas acquitté. (L. 13, pr. *Dig*.
L. VII, t. 1.).

On suppose, bien entendu, dans ce texte, que le testament a conféré au légataire le droit réel d'usufruit

lui-même, et non le droit d'en exiger la constitution ; c'est donc du refus de l'action confessoire qu'il s'agit et non de l'action *ex testamento*. On sait du reste que, depuis la réforme de Justinien, tous les legs conféraient un droit réel, quelle que fût la formule employée par le testateur. Il est bien évident qu'avant cette réforme le légataire *per damnationem* n'était pas obligé de fournir caution avant la délivrance de l'action *ex testamento* ; en effet, ce n'était pas en tant que légataire, mais en tànt qu'usufruitier qu'il était tenu de cette obligation, et, au moment où il réclamait l'action *ex testamento*, il n'y avait pas encore d'usufruit constitué, et, partant, pas d'usufruitier tenu de la caution.

C'était seulement après la constitution du droit réel à son profit qu'il devait faire la promesse de jouir en bon père de famille et de restituer, sous peine de se voir refuser l'action confessoire destinée à lui procurer la jouissance paisible de son droit. C'est donc devant le Préteur, et avant la délivrance de la formule de cette action que l'usufruitier doit fournir la *cautio usufructuaria*. Il reste désarmé contre le propriétaire tant qu'il ne s'est pas acquitté de cette obligation.

L'héritier qui, au lieu d'attendre la demande du légataire, lui a livré la chose sans exiger au préalable la prestation de la *cautio* n'est pas pour cela déchu du droit d'obtenir cette garantie. Alors il intentera contre l'usufruitier l'action en revendication, et, si celui-ci lui

oppose une exception *de re ususfructus nomine tra-*
dita, il lui répondra par une réplique de dol. L'usufruitier sera dans ce cas forcé de restituer la chose, et ne
pourra en recouvrer la jouissance paisible qu'au
moment ou la prestation de la *cautio* lui aura ouvert
l'action confessoire. (L. 7, pr. *Dig.* L. VII, t. 9)

Après avoir indiqué cette décision, notre loi ajoute
sed ipsa stipulatio condici poterit. Cette seconde
action accordée au nu-propriétaire, est une *condictio*
incerti (L. 5, § 1er *Dig.* L, VII, t. 5). Tant que les con-
damnations restèrent purement pécuniaires, cette *con-*
dictio n'eût pas d'autre résultat que de procurer au nu-
propriétaire une indemnité correspondant à l'intérêt
qu'il avait à recevoir la garantie de la caution. Mais,
quand le juge eut le pouvoir de faire porter les condam-
nations sur l'objet même de la demande, il put ordon-
ner à l'usufruitier de fournir caution. C'est ainsi que
nous croyons pouvoir expliquer la première partie de la
loi 13 pr. *dict. tit.* qui porte ces mots : *si cujus rei usus-*
fructus legatus erit, dominus potest in ea re satisdatio-
nem desiderare ut officio judicis hoc fiat. Cette phrase
semble en contradiction avec la suivante qui, nous
l'avons vu, montre que la caution était prétée devant
le magistrat et avant l'obtention de la formule. De plus
elle se relie si mal avec l'ensemble du fragment d'Ulpien qu'il n'est pas téméraire de penser qu'elle a été
interpollée dans le but de donner une solution conforme à la procédure en usage au temps de Justinien.

Ainsi donc à cette époque la *cautio* était prêtée tantôt comme préface à l'action confessoire, tantôt sur l'ordre du juge dans le cas où le nu-propriétaire intentait contre l'usufruitier la *condictio incerti*.

Si, lors de la remise de la chose, il avait été convenu que le légataire fournirait caution, le nu-propriétaire pouvait encore intenter contre lui la *condictio causa data causa non secuta*.

SECTION IV. — *De la dispense de caution.*

Tout usufruitier doit fournir la *cautio* prescrite par le Préteur : tel est le principe ; nous allons examiner les exceptions qui en atténuaient la rigueur.

Elles peuvent, *a priori*, dériver de deux sources, correspondant à l'origine de l'usufruit : ce sont les dispositions législatives et la volonté de l'homme (nu-propriétaire ou testateur). Nous verrons si le droit romain admettait la dispense de caution de cette dernière catégorie.

A. Examinons d'abord les cas de dispense qui s'appuient sur une disposition de la loi.

1° La loi dispensait de la *cautio* le père de famille usufruitier des biens adventices de son fils. Justinien justifie cette mesure en disant qu'elle était commandée par le respect filial (L. 8, Code § 4, *in fine* L. VI, t, 61). Tel n'est sans doute pas le vrai motif qui l'a dictée,

car il aurait conduit à faire bénéficier de la dispense
la mère usufruitière testamentaire des biens de ses
enfants ; en effet, elle avait droit au respect au même
degré que le père, la *reverentia* n'étant pas attachée
exclusivement à la *patria potestas*. (L. 6, *Dig.* L. II,
t. 4). Il n'en était cependant pas ainsi, et la mère
devait fournir caution quand elle était usufruitière ou
usagère des biens de ses enfants (L. 11. *Dig.* L. VII,
t, 9). Il faut donc chercher ailleurs que dans le devoir
de respect les raisons qui firent dispenser le père de
l'obligation de fournir caution.

La constitution des biens adventices était déjà une
réduction bien importante des anciens droits du père
de famille ; l'obligation de fournir caution aurait dimi-
nué d'une façon trop sensible sans doute le droit d'usufruit qui seul lui restait sur ces biens, et les Romains,
ennemis des réformes brusques surtout en ce qui touchait à l'organisation de la famille, virent probablement
dans la dispense de caution un moyen d'adoucir la
déchéance des droits autrefois reconnus au père.

Aussi croyons-nous que le *pater familias* aurait dû
fournir caution dans le cas où il était usufruitier d'un
bien compris dans le pécule *castrense* de son fils. En
effet, ce n'était pas comme dépositaire de la *patria potestas* qu'il exerçait ce droit d'usufruit, car la *patria-
potestas* ne lui donnait pas de pouvoirs sur les biens du
pécule *castrense*, il n'aurait donc pu invoquer la dispense
de caution qui se justifiait par le souvenir de droits

qu'en cette espèce il n'aurait pas autrefois exercés. (*Sic.* Galvanus, C. XX.) (L. 2, *Dig.* L. XIV, t. 6.)

2° La dispense de caution était encore accordée au fisc légataire d'usufruit. Sans doute la solvabilité certaine d'un pareil débiteur avait fait considérer comme superflue la garantie exigée des autres légataires, (L. 1, § 8, *Dig.* L. XXXVI, t. 3.)

3° Quand un légataire d'usufruit était en même temps légataire à terme de la propriété, on n'exigeait pas de lui la caution. La perspective d'être un jour plein propriétaire et de supporter toutes les conséquences de son administration avait paru constituer une garantie suffisante contre les négligences de cet usufruitier. Il est permis de penser que c'était là une présomption quelque peu hasardée, car il ne manque pas de propriétaires négligents dans l'administration de leurs propres biens, et, dans le cas qui nous occupe, les négligences pouvaient nuire à quelqu'un : à celui qui se trouvait appelé à recueillir l'usufruit éteint avant le terme fixé pour le legs de propriété. (L. 9, § 2, *Dig.* L. VII, t. 9.)

Quoique plein-propriétaire pour partie d'une chose, on n'est pas dispensé de fournir caution si l'on devient légataire en usufruit d'une autre partie de cette même chose. Ainsi, je vous lègue l'usufruit d'un bien que nous possédions en commun, vous devrez fournir caution à mon héritier qui se trouve nu-propriétaire de la part dont vous avez l'usufruit. (L. 10, *Dig.* L. VII, t. 9.)

Paul, dans cette loi, fait remarquer que l'action en partage ne saurait suppléer à la caution, car dans cette action le juge n'aurait pas à s'occuper de l'usufruit qui n'est pas objet d'indivision entre les parties.

B. Nous avons examiné les trois dispenses qu'on peut appeler légales ; les deux premières trouvent leur fondement dans la personnalité de l'usufruitier, la troisième dans l'idée, fausse à notre avis, que la caution n'aurait pas trouvé un intéressé dont elle pût garantir utilement les droits. En dehors de ces hypothèses, rencontre-t-on une dispense valable de caution dérivant soit de la volonté du testateur soit de celle du nu-propriétaire ?

1° Quant au testateur, la loi 7 au Code L. VI, t. 53, nous montre que son pouvoir ne s'étendait pas jusqu'à lui permettre de dispenser le légataire de la promesse de jouir en bon père de famille. Au premier abord cette solution étonne. Pourquoi le testateur, qui peut léguer la pleine propriété, n'aurait-il pas le droit de disposer de l'usufruit en augmentant les droits ordinaires du légataire ? Qui peut le plus peut le moins. La loi française, à cet égard a été plus large que la loi romaine, et sa solution nous paraît beaucoup plus logique. Quoi qu'il en soit, la disposition que nous avons citée est formelle et ne laisse place à aucun doute. Le testateur a donc le choix entre le legs de la propriété et le legs de l'usufruit, il doit prendre parti pour l'un ou pour l'autre, et ne saurait créer au profit du légataire un droit équivoque qui ne serait pas la propriété et serait plus que l'usufruit.

Peut-être la disposition rigoureuse du droit romain s'explique-t-elle par cette considération que le légataire par ses négligences aurait pu réduire la valeur de la nue-propriété et priver ainsi dans certains cas l'héritier d'une partie de la portion héréditaire que lui réservait la loi Falcidie.

En tout cas, cette restriction des droits du testateur montre bien à quel point la caution était devenue inséparable de l'idée d'usufruit.

Si le testateur ne peut dispenser le légataire de fournir caution, il ne lui est pas interdit de lui faciliter les moyens de s'acquitter de cette obligation. La loi 8 au *Digeste* L. VII, t. 5 nous en fournit la preuve. Elle vise, il est vrai, un cas de quasi-usufruit, mais elle n'en a pas moins de force probante au point de vue de l'usufruit véritable, car le Sénatus-consulte qui permit la constitution d'une sorte d'usufruit sur les choses qui répugnaient par leur nature à l'usufruit véritable était aussi impératif que la législation prétorienne quant à l'obligation de fournir caution.

Il s'agit dans cette loi d'un testateur qui institue trois héritiers que nous appellerons Primus, Secundus et Tertius, et qui charge deux d'entre eux, Secundus et Tertius de se porter fidéjusseurs de le *cautio usufructuaria* exigée de Titius légataire d'usufruit.

D'abord, remarque Papinien, il n'y a pas infraction

au Sénatus-consulte, parce que la disposition ne contient pas une dispense de caution. La libéralité peut se décomposer en deux parties : elle contient en premier lieu un legs d'usufruit qui investit le légataire d'une *condictio certi* (il s'agit de l'usufruit de quinze mille sesterces). De plus, elle donne au légataire le droit d'exiger de Secundus et de Tertius qu'ils garantissent sa promesse de jouir en bon père de famille et de restituer. Pour obtenir cette garantie, le légataire agira contre eux par une *condictio incerti*.

L'héritier Primus ne se dessaisira des cinq mille sesterces qu'après avoir reçu la caution de Titius accompagnée de la fidéjussion de ses deux cohéritiers.

Quant à Secundus et à Tertius, voici quelle sera leur situation réciproque : quand Titius intentera contre Secundus l'action *certi* pour obtenir la part d'usufruit dont est grevée sa portion héréditaire, celui-ci répondra par une exception tirée du Sénatus-consulte, tant que Tertius n'aura pas cautionné la promesse du demandeur. Mais le même Secundus sera tenu de l'action *incerti* par laquelle Titius l'obligera à se porter fidéjusseur pour garantir Tertius et Primus.

Il en serait de même pour Tertius, si le légataire agissait d'abord contre lui avant que Secundus eût acquitté l'obligation de fidéjussion dont le testateur l'a chargé.

L'avantage que Titius recueille de la disposition testamentaire, c'est d'être dispensé de trouver lui-même ses fidéjusseurs, c'est un legs de crédit.

2º Le nu propriétaire, héritier ou simplement légataire, peut-il renoncer à la garantie de la caution ?

Sans doute il lui est permis de livrer la chose sans exiger, au préalable, de l'usufruitier la promesse de jouir en bon père de famille et de restituer. Aussi longtemps que dure l'usufruit il peut, s'il a pleine confiance dans le titulaire du droit se dispenser de lui demander la *cautio usufructuaria;* bien des textes nous en fournissent la preuve (L. 7, pr. D., L. VII, t. 9 ; L. 5, § 1ᵉʳ. D., L. VII, t. 5). Mais une renonciation expresse de sa part au droit d'exiger la caution mettrait-elle désormais l'usufruitier à l'abri des actions par lesquelles la promesse peut être réclamée? Les textes sont muets sur ce sujet; pourtant il est permis de croire que rien ne s'opposait à cette renonciation du propriétaire à un droit qui n'avait été créé que dans son propre intérêt. Galvanus (*Caput*, XX, § 6) n'admet pas cette solution par la raison que les particuliers ne peuvent déroger par conventions aux dispositions expresses du législateur. (L. 7, § 5, *Dig.*, L. II, t. 7). Mais cette limitation à la liberté des conventions ne s'applique pas dans le cas où l'intérêt en jeu est purement personnel aux parties « *quæ non ad publicam læsionem, sed ad rem familiarem respiciunt pacisci licet. (Eodem,* § 14). Nous pensons donc que le nu-propriétaire pouvait dispenser expressément l'usufruitier de fournir caution.

CHAPITRE V

DU DROIT D'ACCROISSEMENT DANS LE LEGS D'USUFRUIT

SECTION PREMIÈRE. — *Notions générales sur l'accroissement.*

L'accroissement suppose la vocation testamentaire de plusieurs personnes à une même chose. Il a lieu entre héritiers et entre légataires, mais nous n'envisagerons ici que l'accroissement dans les legs.

Soit un legs fait à deux individus de telle sorte que chacun soit appelé au tout ; ils ne pourront, par suite de leur concours, prendre chacun que la moitié de la chose léguée, mais si l'un deux, par une cause quelconque perd son droit ou y renonce, l'autre verra son émolument augmenter de moitié, par la suppression de la concurrence de son colégataire. On dit alors qu'il y a accroissement. Souvent, on a remarqué qu'il serait peut-être plus exact de dire qu'il y a *non décroissement*, puisque, par la disparition d'un légataire, le droit de l'autre cesse d'être réduit et n'est pas, à proprement parler, augmenté.

Le fondement de l'accroissement est donc l'identité

de vocation qui rend le concours obligatoire, et cette identité ne peut résulter que des termes mêmes du testament : c'est la volonté du testateur qui la crée. Aussi est-ce dans la forme de la libéralité qu'il faut la chercher.

Il y a identité de vocation chaque fois qu'une même chose est léguée à deux ou plusieurs personnes sans assignation de parts ; peu importe que les deux légataires soient nommés dans la même phrase *(conjunctim)* ou dans deux phrases différentes *(disjunctim)* (Gaïus, Com. II, § 199).

De plus, avant Justinien il n'y a d'accroissement qu'entre colégataires *per vindicationem* ou *per præceptionem*. L'emploi de la formule *per damnationem* exclut tout concours des légataires entre eux, et, par suite, empêche l'accroissement (*damnatio partes facit*). En effet, dans le legs *per damnationem* fait *conjunctim*, il y a attribution d'une même créance à deux légataires, et, les créances naissant divisées de plein droit, chacun d'eux n'a jamais concouru avec l'autre, puisqu'ils ont été tous deux investis dès l'origine d'une partie déterminée de la créance. Dans le legs *per damnationem* fait *disjunctim*, il y a deux créances léguées : si un légataire manque de recueillir, l'autre ne saurait prétendre bénéficier de cette défaillance, puisqu'il n'aurait pas souffert du concours. En d'autres termes, dans cette forme de legs, il n'y a jamais identité de vocation, puisque les droits des légataires portent soit sur des parties séparées d'un même tout, soit sur deux objets distincts. (Voir, spécialement pour le legs fait *conjunctim*, les développements de M. Machelard : *De l'accroissement entre les héritiers testamentaires et les légataires*, page 24).

Il n'en est pas de même dans le legs *per vindicationem*. Alors en effet, plusieurs personnes ne sauraient avoir en totalité un droit réel sur une même chose ; le concours est obligatoire entre les colégataires, et, la compression des droits qu'il produit venant ensuite à cesser par la disparition d'un des appelés, les autres voient leurs avantages s'étendre en vertu de ce qu'on a appelé la « force d'élasticité du droit d'accroissement » (Machelard).

Les jurisconsultes s'accordaient à admettre l'accroissement dans le legs *per præceptionem*. Le testateur ayant voulu léguer par ce moyen un droit réel sur la chose entière, le concours entraînait le partage, et la défaillance d'un des appelés devait permettre aux autres de faire valoir leur vocation au tout (Gaïus, C. II, § 223).

Quant au legs *sinendi modo*, s'il avait été fait *conjunctim*, pour les jurisconsultes qui déclaraient que l'héritier était obligé seulement à laisser prendre par les légataires et non à donner, le légataire qui se présentait le premier avait le droit de prendre la chose entière et d'annuler ainsi les legs des autres. Dans l'autre opinion, partant de l'idée qui admettait dans ce legs le principe d'une obligation de donner, chaque légataire était créancier du tout, et l'héritier devait fournir, au premier la chose elle-même, aux autres l'estimation. Quand ce legs était fait *conjunctim*, la créance se partageait de plein droit entre les colégataires, comme dans le legs *per damnationem*. Ainsi dans tous les cas les légataires en vertu d'un legs *sinendi modo* n'avaient jamais droit à l'accroissement. (Gaïus, C. II, § 215. Fgt. Vat. § 85.)

Ces distinctions entre les différentes formes de legs cessèrent d'avoir leur raison d'être quand Justinien donna à tous les legs les mêmes effets juridiques, quelle que fût la formule employée par le testateur. Mais, bien avant la réforme de Justinien, la théorie de l'accroissement avait subi une véritable transformation par l'effet des lois caducaires et de l'espèce d'incapacité dont elles frappaient les légataires *cœlibes* et *orbi*. Justinien, qui abolit les lois caducaires, ne rendit pas toutes ses applications au droit d'accroissement tel qu'il était organisé avant elles ; il combina plus ou moins heureusement les principes posés en cette matière par la législation caducaire avec les anciens principes du droit civil, et, de ce mélange d'institutions et de règles disparates, naquirent des dispositions nouvelles qu'il est souvent difficile de justifier. Aussi nous serait-il à peu près impossible de connaître aujourd'hui les règles anciennes du droit d'accroissement, si elles n'étaient pas restées de tout temps applicables à l'usufruit. Ni les lois caducaires, ni les réformes de Justinien n'altérèrent en cette matière les règles fondamentales de la législation primitive, et c'est dans le titre du *Digeste de usufructu accrescendo*, qu'on en retrouve encore les traits principaux.

Néanmoins, dans loi unique au Code *de caducis tollendis* §§ 3 et 11, qui abroge les lois caducaires, Justinien rend une décision qui s'applique à tous les cas de caducité des legs, et par conséquent au legs d'usufruit. Il décide que, pour les dispositions qui manquent leur effet par une circonstance postérieure à la confection du testament, l'accroissement aura lieu *sine onere* et sera forcé si le legs a été fait *disjunctim*, au contraire, il sera facultatif et *cum onere* si le legs a été fait *conjunctim*. Il n'y avait pas de raison pour ne pas appliquer cette règle au legs d'usufruit.

Pourquoi les lois caducaires ne furent-elles pas appliquées à notre legs comme à tous les autres? Le legs d'usufruit échappait-il aux rigueurs de cette législation grâce à une disposition formelle de la loi, ou bien son traitement privilégié était-il le résultat d'une interprétation libérale de la jurisprudence? Il est difficile de se prononcer à cet égard en l'absence des textes originaux.

Cujas (t. IX, col. 872.) donne l'explication suivante des règles particulières au legs d'usufruit: selon lui, le but des lois caducaires était, avant tout, d'enrichir le fisc. Mais si on avait attribué au fisc les legs d'usufruit que les lois enlevaient aux *cœlibes* et aux *orbi*, celui-ci aurait, à raison de son existence perpétuelle, absorbé la propriété même. On aurait reculé devant ces conséquences extrêmes.

D'abord les legs d'usufruit faits au profit du fisc ne lui conféraient pas un droit perpétuel de jouissance : son droit s'éteignait au bout de cent ans. De plus et surtout, les lois Julia et Papia avaient pour but principal de favoriser les colégataires et les héritiers mariés et pères de famille ; le fisc n'arrivait qu'en dernière ligne pour recueillir les parts des incapables, et seulement à défaut de *patres*. Il est vrai qu'un texte d'Ulpien (XVII, § 3,) semble donner quelque fondement à la théorie de Cujas, en rapportant qu'une constitution de Caracalla décida que tous les *caduca* reviendraient au fisc ; mais ce texte isolé rencontre une contradiction formelle dans deux autres passages du même auteur qui les attribuent de préférence aux *patres* (Ulpien, I, § 21 ; XXV, § 17.)

Il faut donc chercher ailleurs la raison qui fit échapper notre legs à l'application stricte des lois caducaires. On la trouve dans la nature même du droit d'usufruit : essentiellement personnel, il est modifié du tout au tout quand il est transporté sur une autre tête que celle du légataire désigné, et l'application du droit commun caducaire aurait eu pour effet de changer non plus seulement le bénéficiaire, mais l'objet même du legs. Devant cette conséquence exorbitante des Lois, on recula.

Est-ce à dire que jamais les légataires d'usufruit ne tombèrent sous le coup des déchéances qui frappaient les *cœlibes* et les *orbi* ? Nous ne le croyons pas : en effet, on ne saurait admettre qu'il y eut, en faveur de ce legs une sorte de dispense d'incapacités permettant au testateur d'éluder les prescriptions législatives en donnant à sa libéralité la forme d'un usufruit. Quand un legs de cette nature était fait en faveur d'un *cœlebs* ou d'un *orbus*, « il n'y avait aucune raison pour ne pas faire subir à l'un la perte totale de son droit, pour ne pas réduire l'autre à n'en prendre que moitié. C'était seulement au point de vue de la dévolution de ce qui défaillait soit par l'effet des lois caducaires, soit par toute autre cause, qu'il y avait dérogation à la règle ordinaire. » (Machelard, *loc. cit.* page 242).

Quoiqu'il en soit, l'abrogation des lois caducaires par Justinien rendit au droit d'accroissement en matière d'usufruit toutes ses applications d'après les règles primitives, et ce sont ces règles que nous trouvons mentionnées *au Digeste* au titre II du Livre VII, *de usufructu accrescendo*.

SECTION II. — Conditions de l'accroissement
dans le legs d'usufruit.

En indiquant les principes de l'accroissement, nous avons dit qu'il avait lieu chaque fois qu'un concours

entre colégataires, nécessité par une identité de
vocation, avait réduit chacun à n'obtenir qu'une
partie de la chose que son titre lui donnait le droit
d'avoir toute entière. Ce principe, d'où découle toute
la théorie de l'accroissement, il nous faut maintenant
l'appliquer au legs d'usufruit. C'est à sa lumière que
nous parviendrons à déterminer les conditions de l'accroissement dans ce genre de legs.

I. — Et d'abord, est-il besoin de le dire, l'accroissement n'a lieu qu'entre colégataires d'usufruit. Le titre
de co-usufruitier ne suffit pas pour y donner droit.
Ainsi, dans le cas où le testateur, après avoir institué
deux héritiers, a légué la propriété d'un fonds *deducto
usufructu*, les deux institués, quoique co-usufruitiers,
ne sauraient avoir entre eux à ce titre aucun droit d'accroissement. Il en serait de même si deux co-propriétai-
res aliénaient la nue-propriété d'un fonds commun en
se réservant l'usufruit. (L. 1, § 4 et L. 3, *pr.* et § 1er
de us. accres. L. VII, t. 2; *Vat. frgt.* § 80.)

II. Jusqu'à Justinien, nous l'avons vu, le legs *per
damnationem* ne comportait jamais l'accroissement,
parce qu'il opérait par lui-même assignation de parts.
Cette règle est applicable au legs d'usufruit comme à
tous autres : nous en trouvons la preuve dans le paragraphe 85 des fragments du Vatican : « *Si tamen per
damnationem ususfructus legetur, jus accrescendi ces-
sat; non immerito, quoniam damnatio partes facit* »
et le paragraphe 26 des Sentences de Paul au titre VI,

L. III *de legatis* : « *conjunctim duobus ususfructus do lego legatus altero mortuo ad alterum in solidum pertinebit.* »

Pourtant, il est un cas dans lequel une disposition testamentaire, quoique réduite aux effets d'un legs *per damnationem*, donnera lieu, dans une certaine mesure au droit d'accroissement. C'est dans l'hypothèse où un testateur aura légué *per vindicationem* l'usufruit de la chose d'autrui.

On sait que la nullité d'un pareil legs fut couverte par le Sénatus-consulte Néronien qui lui donna le même effet qu'aurait eu un legs *per damnationem*. Dans ce cas cependant, tant que le legs n'avait pas été recueilli, on admettait qu'il pouvait se produire un accroissement des parts des défaillants au profit de ceux qui se présentaient pour réclamer le legs. Cette exception à la règle nous montre bien qu'avant tout c'est la volonté du testateur qui sert de fondement à l'accroissement, et que les formules employées dans le testament impliquent ou excluent ce droit uniquement parce qu'elles font présumer telle ou telle intention chez le disposant. Dans l'espèce, en effet, la formule *per vindicationem*, c'est le signe que le testateur a voulu l'accroissement ; cette volonté sera respectée, bien qu'à d'autres égards le legs soit traité comme fait *per damnationem*, tant qu'elle ne viendra pas se heurter à un obstacle juridique infranchissable. Cet obstacle, c'est la création d'un droit réel distinct au profit de chaque légataire. — Certains jurisconsultes allaient même plus loin, et accordaient une action utile au légataire d'un pareil legs pour obtenir en vertu de l'accroissement la part de l'usufruit éteint du chef de son colégataire. (Nous verrons, en effet, que dans le legs d'usufruit l'accroissement était possible à ce moment.) C'est ainsi qu'il faut interpréter, croyons-nous, la seconde partie du paragraphe 85 des fragments du Vatican.

III. Pour bénéficier de l'accroissement il faut donc être légataire (*per vindicationem* ou *per præceptionem* jusqu'à Justinien) d'une chose à laquelle un autre est également appelé. Peu importe, avons-nous dit, qu'il y ait *conjunctio re tantum* ou *conjunctio re et verbis*, la vocation identique, (*conjunctio re*) suffit à elle seule, puisqu'elle détermine un concours entre les légataires.

Mais cette identité de vocation n'existera, ce concours ne s'exercera que si les légataires doivent prendre leur libéralité sur la même part héréditaire.

Si un usufruit a été légué à plusieurs personnes et que le legs de chacune ait été mis à la charge d'un héritier désigné, il n'y aura pas accroissement entre les colégataires ; la défaillance de l'un d'eux aboutira simplement à décharger l'héritier grevé de son legs. En effet, dans ce cas, chaque appelé ne peut demander la délivrance du legs qu'à l'institué indiqué par le testateur, son droit ne porte que sur une part déterminée de l'hérédité, il est indépendant de celui du colégataire,

Pas de concours, donc pas d'accroissement. (L. 11 et 12, L. VII, t. 2 *de us. accres.*).

Le résultat est exactement le même que dans le cas où il y a legs d'une même chose à plusieurs personnes par portions déterminées.

L'identité de vocation, et, par suite, l'accroissement, feraient encore défaut dans le cas où un usufruit aurait été légué à deux personnes pour en jouir alternativement de deux jours l'un ou de deux années l'une. Ici, il n'y a pas assignation de parts quant à l'étendue, mais on peut dire qu'il y a partage de l'usufruit quant au temps. Ici encore pas de concours, pas d'accroissement. (L. 2, *pr. Dig.* L. VII, t. 4, *quibus modis ususf. amititur.*)

Nous croyons au contraire qu'il faudrait admettre l'accroissement dans le cas suivant : Un testateur, après avoir institué deux héritiers lègue à Primus et à Secundus l'usufruit d'un fonds en mettant le legs à la charge des deux héritiers.

« L'usufruit de chacun des légataires portera non
« sur la totalité de la part héréditaire d'un seul, mais
« sur la moitié de la part de tous deux, car chacun
« d'eux doit, sans doute, fournir l'usufruit de tout
« ce qui lui revient dans le fonds, mais il doit le four-
« nir aux deux légataires. Il ne doit donc le délivrer à
« chacun que sur la moitié de sa part. Par là, l'usufruit
« de chaque légataire portera pour un quart du fonds
« sur la part d'un héritier et pour un quart sur la part
« de l'autre. » (L. 49, *Dig.* L. VII, t. 1er).

Genty, (page 374), qui raisonne ainsi, conclut qu'il n'y aura pas concours entre les légataires, et, partant, pas d'accroissement. Cette solution ne nous paraît pas exacte : de ce que l'usufruit de chaque légataire se trouvera, pour ainsi dire, à cheval entre les deux parts héréditaires, il ne s'ensuit pas qu'il n'y ait point concours sur chacune de ces parts.

En absence de son colégataire, Primus aurait pris à chaque héritier la moitié de l'usufruit total, c'est-à-dire tout ce qui se trouvait dans la part de celui-ci ; la vocation identique de Secundus le réduit à ne prendre qu'un quart à chaque héritier, il y a donc réduction de droits provenant du concours, et, par suite, accroissement. Si l'un des deux légataires est privé de sa part d'usufruit, l'autre, ne trouvant plus de concurrence, aura droit à la totalité, puisqu'il pourra prendre une moitié à chaque institué. Le concours n'a pas existé d'une part héréditaire à l'autre, mais il ne s'est pas moins produit dans chaque part prise isolément, et, dans chaque part, la disparition d'un colégataire vient augmenter de moitié les droits de l'autre. Au profit de ce dernier il y aura pour ainsi dire un accroissement en parties doubles.

Pour résumer les conditions de l'accroissement nous dirons qu'il aura lieu chaque fois que des colégataires (*per vindicationem* jusqu'à Justinien) d'un même usufruit concourront entre eux sur une même portion héréditaire .

— En général les divers appelés prennent chacun une part virile quand il s'agit de répartir le bénéfice de l'accroissement. Pourtant il en est quelquefois autrement, quand la volonté du testateur, souveraine en la matière, commande une solution différente. Ainsi, quand dans la disposition plusieurs appelés ont été réunis dans un même membre de phrase, ils ne forment pour ainsi dire qu'une seule tête, et l'accroissement a lieu entre eux à l'exclusion des autres colégataires. (L 1ᵉʳ. § 2 *Dig. de usuf. acc.*).

SECTION III. — *Applications spéciales de l'accroissement dans le legs d'usufruit.*

C'est par la diversité de ses applications que l'accroissement présente en matière d'usufruit un caractère original. Non seulement on l'y rencontre dans tous les cas où l'admet le legs de propriété, mais il s'exerce encore dans plusieurs hypothèses qui, dans tout autre legs, ne comportent pas son application. Ce sont ces hypothèses spéciales que nous allons examiner.

1° *Accroissement après que le legs a été recueilli.*

Dans le legs de propriété l'accroissement ne peut se produire après que les légataires ont recueilli leurs parts, il n'a lieu qu'en cas de caducité ; la mise en possession de chacun fait cesser le concours et les parts échues se transmettent aux héritiers.

Il en est autrement dans notre legs : quand un légataire perd son droit après l'avoir recueilli, son colégataire est appelé à l'usufruit ainsi éteint en vertu du droit d'accroissement. (Vat. Frgt. § 77; Paul. Sent. L. III, t. 6 § 26; L 1er § 3 au *Digeste, de usuf. accr.* L. VII. t. 2.).

Ulpien, dans ce dernier texte, nous indique comment les jurisconsultes romains expliquaient cette différence entre les deux legs : « *Omnes enim auctores apud* « *Plautium de hoc consenserunt et (ut Celsus et Julia-* « *nus eleganter aiunt) ususfructus cottidie constitui-* « *tur et legatur: non ut proprietas, eo solo tempore* « *quo vindicatur* ».

Bien qu'accepté par de pareilles autorités le raisonnement n'en est pas moins sujet à critique. D'abord, il n'est pas exact que l'usufruit renaisse chaque jour : Ulpien lui-même le reconnaît quand il nous dit que le legs d'usufruit *cedit semel* (L. I, § 1. *Dig.*, L. VII. t. 3, *quando dies ususf.*) D'ailleurs, s'il en était ainsi, comment pourrait-on expliquer son extinction par non-usage ? L'usufruit ne présente ce caractère de droit successif que dans le cas ou il a été légué expressément *in dies singulos.* C'est alors seulement que l'argument d'Ulpien acquiert toute sa portée ; mais, dans le legs commun d'usufruit, le droit est bien acquis une fois pour toutes au légataire, tout comme dans le legs de propriété. Il faut donc trouver ailleurs le motif de la règle spéciale à notre legs, et c'est Ulpien lui-même, à la fin du fragment cité, qui nous indiquera dans quelle idée il convient de le chercher : « *cum primum itaque non inveniet alter eum qui sibi concurrat, solus ute- tur in totum* ». La présence simultanée de deux légataires réduit chacun à ne jouir que de la moitié de la chose, mais, « dès que l'un perd son droit, celui qui reste ne rencontrant plus personne pour concourir avec lui, peut désormais jouir de la totalité de la chose, parce que la portion de son colégataire se trouve comprise dans l'usufruit à lui légué. Une fois resté seul, il n'a plus en présence que le nu-propriétaire auquel il oppose son titre qui lui donne le droit de jouir de la totalité. Dans le legs de propriété, au contraire, une part une fois recueillie étant transmissible, le legs s'est trouvé divisé pour toujours ». (Genty, page 358). En d'autres termes, ici comme dans les autres cas, l'accroissement est fondé sur l'interprétation de la volonté du testateur qui a préféré chacun des légataires à ses héritiers.

Machelard, (*loc. cit.*, page 246) s'élève contre cette explication, et il critique ainsi la décision du droit romain :

« En vain, dit-on, que le défunt a préféré chacun des légataires à ses héritiers. Cette observation n'est exacte qu'autant que le droit n'appartient qu'à un seul. En cas de concours, le défunt a voulu deux usufruits, car il a voulu le partage avec ses conséquences, et l'effet de ce partage est de créer deux usufruits indépendants l'un de l'autre ».

Cette idée, que le défunt a voulu le partage, conduirait logiquement à dénier toujours le droit d'accroissement du légataire. Dans tous les cas, où l'accroissement est possible, c'est parce que l'on suppose que le défunt n'a pas voulu le partage. Quand je lègue à Primus et à Secundus l'usufruit d'une chose sans leur assigner de parts, j'entends que Primus et Secundus jouissent chacun de la chose en totalité ; mais ce résultat est irréalisable en fait, et, devant cet obstacle, on recule : un concours s'établit entre les deux légataires dont l'émolument est réduit alors de moitié. Maintenant, si Primus vient à mourir, il devient possible que Secundus recueille tout ce à quoi il avait droit ; il aura donc l'usufruit entier. S'il s'agissait au contraire d'un legs de propriété, l'obstacle dont nous parlons subsisterait après la mort de Primus, parce que le bénéfice du legs passerait à ses héritiers que le testateur a entendu gratifier après lui. Au fond, dans le legs d'usufruit, il n'y a pas exception aux règles générales de l'accroissement, il y a seulement une occasion de plus de les appliquer.

En droit français, c'est une question de savoir si, dans le cas qui nous occupe, le légataire d'usufruit survivant recueillera par accroissement la part éteinte du chef de son colégataire. Le Code civil, dans les articles 1042 et 1043, détermine les cas de caducité des legs, puis, dans les articles 1044 et 1045, il indique quels sont les légataires qui bénéficieront de l'accroissement.

Tirant argument de l'enchaînement de ces textes, les auteurs qui refusent d'admettre dans notre droit la théorie romaine prétendent que le législateur a voulu ainsi limiter l'application de l'accroissement aux cas de caducité ; ils déclarent en outre, qu'il n'a plus sa raison d'être dès que le legs a été recueilli. « Du moment que le legs s'est ouvert au profit de chacun, dit Demolombe t. XXII, n°ˢ 388 et 389, il y a eu autant d'usufruits distincts que de légataires. On se récrie que pourtant le testateur a légué à chacun d'eux l'usufruit de la chose entière ! Oui, sans doute, comme il a légué la propriété de la chose entière lorsque le legs est de propriété, ce qui n'empêche pas que, du jour où chacun a recueilli, il s'est fait autant de legs distincts de propriété qu'il y a de légataires ».

Il est vrai, répondrons-nous, qu'il y a eu deux usufruits distincts dès que les légataires ont recueilli, mais chaque appelé n'en a pas moins conservé sur celui qu'il n'a pas obtenu un droit qu'il tient du legs de la totalité, et que rien ne l'empêchera plus d'exercer dès que le concours de son colégataire aura cessé. La séparation qui s'est produite dans l'usufruit n'a pas eu d'action sur la vocation au tout des légataires qui est restée intacte. Ce n'est pas comme cousufruitiers, c'est comme colégataires qu'ils ont droit à l'accroissement. — C'est à tort qu'on cherche un argument dans la comparaison avec le legs de propriété. Dans ce cas, une fois le partage effectué, la vocation au tout de chaque léga-

taire demeurera nécessairement stérile, parce que, le
legs passant aux héritiers de par la volonté même du
défunt, elle n'aura plus l'occasion de s'exercer. Il n'en
est pas de même dans le legs d'usufruit, et il ne faut
pas s'étonner qu'à une situation différente, réponde une
différente solution.

Quant à l'argument tiré du rapprochement des articles 1042 et 1043 d'une part et des articles 1044 et 1045
d'autre part, il ne nous parait pas plus probant. De ce
que le Code a indiqué les cas de caducité des legs, puis
aussitôt après les cas d'accroissement, on n'en saurait
légitimement déduire qu'il a entendu limiter les applications de l'accroissement aux seuls cas de caducité. Il
était bien naturel de réglementer le droit d'accroissement après avoir dit dans quels cas les legs seraient
caducs, par la raison que c'est la caducité qui fournit
le plus d'occasions à l'exercice de l'accroissement, mais
cela ne prouve pas que jamais il ne se produira dans
d'autres cas.

Nous ne voyons donc rien dans le texte de la loi qui
repousse l'application de la théorie romaine, et nous
ajouterons qu'elle était admise trop communément
dans l'ancien droit pour que les rédacteurs du Code
civil aient entendu l'écarter par simple omission.(Ri-
card, Part. III n° 523 ; Furgole, IX, n° 4, Denisart, V°
Accroissement n°ˢ 13 et suivants. — Pothier, *Donat.
test.* VI, Sect. V. § 11 n° 346.).

L'opinion que nous avons défendue est soutenue

entre autres par les auteurs suivants : d'Hautuille, Coin-Delisle, Marcadé, Massé et Vergé, Troplong, Mourlon ; un arrêt de la Cour d'Aix l'a appliquée le 11 juillet 1838, (Sirey, 39, 2, 46.) Mais nous devons avouer qu'elle a contre elle de nombreuses et imposantes autorités. (Aubry et Rau t. 6, page 545, note 52. — Colmet de Santerre t. IV, n° 190 bis, VIII ; Proudhon, *de l'usufruit* t. II, p, 675 ; Delvincourt t. II, p. 340 et Touillier, t. V, n° 699.).

— Le droit à l'accroissement n'est pas altéré par la perte de l'usufruit du légataire qui est appelé à l'exercer ; la circonstance que ce légataire aurait acquis la nue-propriété de sa part n'est pas non plus, pour lui ni pour ses colégataires, une fin de non recevoir à l'exercice de ce droit.

Les textes qui prévoient ces hypothèses et donnent ces décisions sont assez importants pour nécessiter une étude spéciale.

Nous allons les examiner attentivement.

2° Accroissement après la perte de l'usufruit légué.

La loi 33, § 1ᵉʳ au *Digeste*, L. VI, t. 1ᵉʳ prévoit l'hypothèse suivante : un usufruit a été légué à deux personnes, Primus et Secundus ; Primus intente l'action confessoire et perd son procès, puis son colégataire Secundus vient à perdre sa part d'usufruit. La part de Secundus reviendra à Primus par accroissement et il pourra la réclamer au moyen de l'action confessoire, sans que le nu-propriétaire avec lequel, par hypothèse, il a déjà eu procès pour l'autre part, puisse, de ce chef, lui opposer l'exception *rei judicatæ*.

La raison que donne le texte pour justifier cette solution différente de celle qu'on donnerait pour le legs de propriété, c'est que le droit d'usufruit, au contraire de la propriété, n'accroît pas à la portion (*portioni*) mais à la personne. Ainsi, d'après le jurisconsulte, quand l'accroissement se produit au profit d'un légataire de propriété, son effet est seulement d'augmenter l'étendue de la chose léguée ; le légataire continue à être propriétaire de la même chose, mais cette chose a pour ainsi dire doublé de volume. Si ce légataire perd sa part, l'accroissement se produira entre les mains de celui qui la possédera exactement comme entre les siennes, en vertu d'une sorte d'alluvion. Par suite, si ce légataire voulait intenter à nouveau contre ce possesseur et pour la part perdue par son colégataire le procès qu'il a soutenu pour sa propre part, il serait repoussé par l'*exceptio rei judicatæ*, parce qu'il y aurait alors *eadem res inter easdem personas*. En matière d'usufruit, au contraire, l'accroissement n'a plus un effet comparable à celui de l'alluvion, il ne se produit plus une sorte d'absorption d'une part dans l'autre ; les deux parts restent distinctes, et un procès qui a déjà été soutenu à propos de l'une pourra être renouvelé au sujet de l'autre : il n'y aura plus *eadem res*.

C'est ainsi que nous tentons d'expliquer la raison si

subtile que nous donne le jurisconsulte de la différence
des solutions admises pour les deux legs : « *quoniam
portio fundi velut alluvio, portioni ; personæ fructus
accresceret* ». Nous croyons que les jurisconsultes
romains ont exagéré ici le principe de la personnalité
du droit d'usufruit ; ce principe devait avoir seulement
pour conséquence de rendre impossible la substitution
d'une personne à une autre comme titulaire de ce droit.
Dans l'hypothèse du texte, nous ne voyons vraiment
pas sur quel motif sérieux on pourrait établir une différence entre le legs de propriété et le legs d'usufruit.

Le même principe : *ususfructus personæ non portioni
accrescit* sert à justifier une autre solution donnée par
Ulpien dans la loi 10, L. VII, t. 2 au *Digeste*. Genty,
suivant en cela l'exemple de Pothier, (*Pandectes ad tit.
de usuf. acc.* Art. 2, nº XI) a prétendu que ce texte reproduisait l'hypothèse de la loi que nous venons d'expliquer. Nous pensons au contraire avec Cujas (t. VII,
in tit. 1, *de leg.* 2. Col. 1123), qu'il statue sur une
espèce voisine, mais différente, et nous fondons notre
conviction sur la traduction littérale de ce passage où
il nous est impossible de lire ce qu'on a prétendu y
trouver.

L'espèce est la suivante : un usufruit a été légué à
deux personnes, Primus et Secundus ; Primus intente
l'action confessoire et perd son procès ; puis Secundus
à son tour perd sa part, par exemple *non utendo*. Comment régler le droit d'accroissement? Le texte répond :

Secundus poursuivra le possesseur de la part perdue par Primus pour obtenir cette part qui lui revient en vertu de l'accroissement, car il a conservé ce droit à l'accroissement qu'il avait avant de perdre son usufruit: *Interdum pars ususfructus et non habenti partem suam sed amittenti adcrescit.* Ici, il ne saurait être question d'opposer à Secundus l'exception *rei judicatæ*; en effet, il n'a pas été partie au procès qui a fait perdre l'usufruit à Primus, il agit en son nom personnel en vertu de la vocation au tout que lui donne son titre, et non comme ayant-cause de Primus. Non seulement il n'y a plus dans les deux instances *eadem res*, mais même il n'y a plus *eadem persona*.

Nous croyons que les deux textes, au lieu de se répéter, comme on l'a dit, se complètent l'un l'autre. En effet, si nous voulons savoir ce que devient dans l'hypothèse du second texte la part perdue par Secundus, c'est à la première loi qu'il faut nous référer, car, pour cette part, la situation est bien celle que prévoit et réglemente la loi 33 § 1er de *usufructu* : Primus a perdu son droit dans un premier procès, l'usufruit venant à s'éteindre pour la part de Secundus, si l'adversaire de Primus prétend se l'approprier, celui-ci pourra intenter contre lui l'action confessoire, sans se voir opposer l'exception *rei judicatæ*. Enfin de compte, en combinant les solutions des deux textes, il y aura un échange de parts entre Primus et Secundus par l'intermédiaire de l'adversaire de Primus. Ces solutions, difficiles à expliquer, sont encore plus difficiles à justifier.

L'adage *ususfructus accrescit personæ* servirait encore, d'après Paul, à motiver la solution de la loi 14 §1ᵉʳ de *exceptione rei judicatæ* : « *qui cum partem ususfructus haberet totum petit, si postea partem aderescentem petat, non submovetur exceptione, quia ususfructus non portioni, sed homini accrescit.* » Il s'agit, comme on le voit, d'un légataire qui réclame la totalité d'un usufruit bien qu'il n'ait droit qu'à une moitié. Il perd son droit par suite de la *plus petitio*, mais, quand l'accroissement s'ouvrira à son profit, il pourra réclamer la part éteinte du chef de son colégataire sans se voir opposer l'exception *rei judicatæ*. Une pareille décision, tant que la *litis contestatio* conserva son effet extinctif, ne pouvait être dictée que par le désir d'atténuer pour le légataire les conséquences fâcheuses de son inadvertance. Ni dans les principes de la chose jugée, ni même dans l'adage *personæ non portioni adcrescit*, entendu comme dans la loi 33 *de usufructu*, on ne pouvait trouver une justification de la décision de Paul.

En effet, le droit au tout a été déduit en justice dans le premier procès, là *litis contestatio* l'a éteint, il ne saurait donc plus y avoir d'accroissement pour le légataire.

On trouverait dans l'hypothèse suivante une application raisonnable de la règle *personæ non portiori* : Primus, Secundus et Tertius sont appelés au même usufruit. Primus et Secundus l'acceptent, puis Primus meurt. Si Tertius répudie ou devient incapable, sa part accroîtra à Secundus seul ; dans le cas d'un legs de propriété, au contraire, par suite de la transmissibilité du droit, la part de Tertius aurait été partagée entre Secundus et les héritiers de Primus.

3° *Accroissement après consolidation*.

Nous avons dit plus haut que l'accroissement était attaché au titre de colégataire et non au titre de cousufruitier, nous en trouvons une nouvelle preuve dans les textes qui nous le montrent survivant à la consolidation qui pourtant met fin à l'usufruit :

C'est d'abord la loi 3 § 2 *de usuf. accr. verbis* nec novum : « *si duobus ususfructus legetur et apud alterum sit consolidatus, jus accrescendi non perit, neque si apud quem consolidatus est, neque ab eo, et ipse quibus modis amitteret ante consolidationem iisdem et nunc amittet.* » Ainsi, le légataire qui a acquis la pleine propriété de sa part n'en reste pas moins soumis, dans ses rapports avec ses colégataires, aux mêmes causes de déchéance que s'il était encore usufruitier. Cette décision mérite d'être approuvée sans réserve : il serait en effet souverainement inique que, par l'acquisition de la nue-propriété, il les privât du droit d'accroissement qu'ils tiennent de la volonté du testateur.

Cette solution rapportée au *Digeste* était due à la législation prétorienne. Les principes rigoureux du droit civil auraient conduit à considérer le légataire en question comme plein-propriétaire, désormais à l'abri, quant à son droit de jouissance, des causes d'extinction spéciales aux usufruitiers. Le paragraphe 83 des Fragments du Vatican, qui nous a conservé le texte primitif auquel la loi du *Digeste* a été empruntée, nous indique, en effet, que les colégataires d'usufruit conservaient leur droit à l'accroissement, grâce à une action utile délivrée par le Préteur.

Les mêmes textes, par analogie de la décision précédente, décident que l'accroissement aura lieu entre un légataire d'un fonds et un légataire d'usufruit de ce même fonds. Nous avons vu que l'effet de deux dispositions de ce genre était de conférer au légataire d'usufruit seulement la moitié de la jouissance, l'autre moitié restant au légataire de la propriété.

Genty (page 370) prétend que l'analogie n'est pas aussi complète que semblent l'indiquer nos textes. « En effet, dit-il, le légataire de la propriété n'a pas droit à l'usufruit en tant que droit détaché de la propriété, on comprend bien qu'à l'extinction de l'usufruit de l'autre légataire la part de celui-ci lui revienne, mais c'est parce que, alors, son droit à la pleine propriété ne trouve plus d'obstacle, bien plutôt que par l'effet du droit d'accroissement ». Nous pensons que l'analogie n'est pas aussi forcée que le croit Genty, et nous trouvons dans l'espèce tous les éléments caractéristiques de l'accroissement. Supposons qu'au lieu d'un légataire d'usufruit il y en ait deux, et que le legs soit conçu en termes tels que la jouissance se partage par tiers entre ces deux légataires, Primus et Secundus, d'une part, et Titius légataire de la pleine propriété, d'autre part. Nous avons ainsi changé l'hypothèse, mais nous n'avons pas modifié les principes à appliquer. Et pourtant dans ce cas, personne ne contestera qu'à l'extinction du droit de Primus sa part ne fera pas pour la totalité retour à la propriété entre les mains de Titius; il faudra dire qu'elle sera partagée par moitié entre celui-ci et Secundus. Il y aura donc attribution de droits vacants par la disparition du concours d'un légataire. N'est-ce pas là le caractère propre auquel on reconnaît l'accroissement. Il est vrai, comme le dit Genty, que Titius n'a pas droit à la jouissance comme partie détachée de la propriété, mais cela n'empêche pas qu'il y ait pour cette jouissance entre lui et les légataires d'usufruit, une vocation identique, une sorte de *conjunctio re*.

Cependant nous ne pousserons pas l'analogie que nous reconnaissons entre cette hypothèse et celle dont nous avons parlé plus haut jusqu'à admettre que le droit d'accroissement serait sauvegardé pour les légataires d'usufruit au moyen de l'action utile délivrée par le Préteur. En effet, il y a une différence bien sensible entre les deux situations : dans la première c'est contre la volonté du testateur que le légataire, devenant plein propriétaire de sa part, s'est mis à l'abri des causes d'extinction qui frappent la jouissance des usufruitiers; dans la seconde, au contraire, c'est le *de cujus* qui

a voulu lui donner la pleine propriété. Contre la volonté
du testateur rien ne peut prévaloir.

4º Accroissement en cas de répétition du legs.

Nous avons vu, au début de cette étude, que les tes-
tateurs, pour mettre les légataires à l'abri des chances
d'extinction de l'usufruit, avaient l'habitude de répéter
en leur faveur la libéralité qu'ils leur faisaient. Cette
répétition se produisaient sous différentes formes, soit
par le moyen d'un legs *in singulos annos* ou *in singulos dies*, soit par l'adjonction à la disposition des
mots *quoties que capite minutus erit ei lego*, ou plus
simplement *quoties amissus erit ususfructus*.

Le légataire qui recouvre l'usufruit grâce à cette
répétition, conserve-t-il le droit à l'accroissement que
lui donnait son titre primitif? La loi 3 *au Digeste* (*quibus modis ususf. vel usus amittitur*), nous donne la
solution de cette question.

Dans le premier paragraphe de cette loi, Ulpien suppose un usufruit légué à Titius et à Mœvius, et répété
au profit de Titius, pour le cas où il subirait une *capitis minutio*. Le droit à l'accroissement reste intact,
dit le jurisconsulte, approuvant une décision de Papinien, car, dit-il, les deux légataires qui cessent d'être
conjuncti verbis n'en restent pas moins *conjuncti re*.
En effet, au moment où la répétition se produit, la
libéralité primitive perdant son effet à l'égard de Titius
par suite de l'extinction de son droit, il se trouve, vis-

à-vis de Mœvius, dans la même situation que si dès l'origine il y avait eu deux legs du tout faits par phrases distinctes, l'un à Mœvius et l'autre à son profit. L'application des règles générales de l'accroissement menait tout droit à cette solution.

Dans le paragraphe suivant, Ulpien propose une autre espèce sur laquelle des controverses se sont élevées. Les termes dans lesquels cette hypothèse est présentée, et surtout les motifs de la solution qui termine le texte ont paru obscurs, et la sagacité des interprètes s'est exercée pour les éclaircir. Voici quelle est la question posée : Un usufruit est légué à Titius et à Mœvius ; il y a répétition du legs en faveur de Titius, mais seulement pour moitié. Ulpien reproduit la réponse suivante de Papinien au sujet du droit d'accroissement : *Si quidem Titius amiserit, totum socio accrescere, quod si Mœvius amisisset, non totum accrescere, sed partem ad eum, partem ad proprietatem redire. Quæ sententia habet rationem, neque enim potest dici eo momento quo quis amittit usumfructum et resumit etiam ipsi quicquam ex usufructu accrescere ; placet enim nobis ei qui amittit usumfructum ex eo quod amittit nihil accrescere* ».

Ainsi la répétition pour moitié au profit de Titius n'a et ne saurait avoir aucune influence sur le droit d'accroissement de son colégataire. Celui-ci est appelé au tout, et si Titius meurt, il recueillera l'usufruit en totalité. Pour lui, pas de doute, sa situation est réglée conformément aux principes généraux.

Quant au droit d'accroissement de Titius, la solution est moins claire. D'après Genty, si Mœvius perd sa part, le texte décide qu'elle accroîtra pour moitié à son colégataire qui jouit en vertu de la répétition, et que l'autre moitié fera retour à la nue-propriété.

Voici comment Genty met cette solution en harmonie avec le motif de décider que donne Ulpien : « *placet enin nobis ei qui amittit usumfructum ex eo* « *quod amittit nihil accrescere* » :

« Puisque le légataire au profit de qui l'usufruit a « été répété jouit en vertu de cette répétition, et que « cette répétition ne l'appelle qu'à une part, il ne devrait « plus, ce semble, avoir droit à l'accroissement, la « part perdue par son colégataire devrait se réunir « en totalité à la nue-propriété. Pourtant il recueille « moitié par accroissement.

« D'un autre côté, il semble que la part qu'il a reprise « en vertu de la répétition ne saurait être celle de son « colégataire, puisque ce dernier ne l'avait pas encore « perdue. C'était donc la part qu'il venait de perdre « Mais alors celle que perd aujourd'hui son coléga- « taire devrait lui revenir en totalité par accroissement « et cela en vertu non de la répétition mais de la pre- « mière disposition qui l'appelait au tout. Car cette « part, il ne l'a pas perdue parce que le droit qu'il y « avait n'était pas encore ouvert. Comment se fait-il « donc qu'elle ne lui revienne que pour moitié ?

« Voici : lorsqu'il a perdu sa part, cette part s'est

« confondue dans l'usufruit total. Donc, celle qu'il a
« reprise en vertu de la répétition n'est ni toute celle
« qu'il venait de perdre, ni toute celle de son coléga-
« taire. C'est une part indivise prise dans l'usufruit
« total. Elle se compose donc :

« 1° De la moitié de la part qu'il avait perdue.

« 2° De la moitié de la part qu'il n'avait pas perdue. »

« De même la part dont a joui ensuite son colé-
« gataire était aussi une part indivise également prise
« dans l'usufruit total et se composant pareillement :

« 1° De la moitié de la part dont il jouissait précé-
« demment.

« 2° De la moitié de la part perdue par l'autre
« légataire. Or, ce dernier, ne saurait recueillir aujour-
« d'hui la seconde de ces moitiés puisqu'il l'a précé-
« demment perdue. Elle se réunit dès lors à la pro-
« priété. Quant à la première il ne l'a pas perdue. Elle
« lui revient donc par accroissement en vertu non de
« la répétition mais de la disposition principale qui
« l'appelait au tout. »

On voit combien ce raisonnement est subtil, et on
s'expliquera sans doute qu'il nous était impossible de
le résumer sans le déflorer. Malgré ce que cette savante
argumentation peut avoir de séduisant, nous ne pouvons pas admettre l'interprétation que donne Genty
de la loi d'Ulpien. Sans doute les jurisconsultes
romains ont souvent poussé l'amour de la logique jusqu'à ses dernières limites, mais alors ils ne man-

quaient pas d'indiquer au moins par quelques mots la
base de leurs savants raisonnements. Ici, nous nous
efforcerions en vain de découvrir dans le texte de notre
loi la trace des efforts de dialectique que nécessite l'interprétation de Genty, et nous avons peine à croire
qu'un tel laconisme cache une si grande subtilité.

Mais cette interprétation ne fait pas seulement dire
à Ulpien plus qu'il ne parait vouloir dire, elle est,
croyons-nous, en opposition formelle avec les termes
mêmes qu'emploie le jurisconsulte. Nous lui ferons
donc deux reproches principaux :

1º Elle est en contradiction avec le principe sur
lequel Ulpien appuie sa décision : celui qui a perdu
l'usufruit, dit le texte, ne doit recouvrer par accroissement aucune partie de ce qu'il a perdu. Or, dans le
système de Genty, Titius qui a perdu la moitié de
l'usufruit se trouve, en fin de compte investi des trois
quarts de ce même usufruit. C'est donc un quart en
trop. L'explication que Genty cherche à donner de
cette contradiction tombe à faux parceque : 2º il place la
question d'accroissement à une époque qui n'est pas
celle prévue par le texte. En effet Ulpien suppose clairement que cette question doit se résoudre au moment
où le légataire invoque la répétition du legs : *neque
enim potest dici eo momento quo quis amitit usumfructum et resumit etiam ipsi quicquam ex usufructu
accescere.* D'après Genty au contraire la question

se poserait après que Titius a joui en vertu de cette
répétition.

Voici comment nous essayons d'expliquer ce texte
dont Pothier reconnait avec raison l'obscurité : Mœvius
a perdu sa part ; en vertu de l'accroissement Titius a
recueilli alors l'usufruit de la totalité, puis lui-même
a perdu son droit, et c'est alors qu'il se présente en
invoquant la répétition. Question : Titius obtiendra-t-il
seulement la moitié en vertu de cette répétition, ou
bien sera-t-il admis à réclamer davantage en se fondant
sur une prétendue survivance de son droit d'accroissement ? Le texte répond alors qu'il ne saurait réclamer
le tout en vertu de l'accroissement, qu'une partie lui
reviendra comme titulaire du legs répété, mais que le
reste retournera à la nue propriété. (Remarquons en
passant que Genty traduit le mot *partem* tantôt par
un quart, tantôt par une moitié du même tout, tandis
que ce mot employé seul signifie toujours une moitié.)

Ainsi, selon nous, la question d'accroissement se
pose quand Titius invoque la répétition. Nous fondons
notre conviction sur la phrase que nous avons citée
plus haut et qui est formelle en ce sens.

Mais pour que cette question s'élève, il faut que
Mœvius ait déjà perdu sa part. C'est aussi ce que nous
admettons en nous appuyant sur le mot *amisisset*
(AVAIT perdu) qu'on trouve dans l'exposé de l'espèce.

Enfin le principe invoqué par Ulpien est bien res-
pecté par nous puisque Titius qui a perdu son droit

n'acquiert par accroissement rien au delà de ce que
lui procure la répétition du legs « *nec ipsi quicquam
ex usufructu accrescere*.

L'erreur de Genty vient sans doute de ce qu'il a
traduit cette phrase : « *partem ad eum, partem ad proprietatem redire* » comme s'il y avait *partem ad eum*
ADCRESCERE, *partem ad proprietatem redire*, tandis
qu'elle veut simplement dire qu'une moitié sera attribuée à Titius en vertu de la répétition, *lui fera retour*
(car il a possédé le tout) pendant que l'autre reviendra à la nue-propriété.

La solution ainsi comprise est conforme à tous les
principes de l'accroissement. Titius bénéficiaire de la
répétition se trouve exactement dans la même situation que s'il avait été à l'origine légataire d'une moitié
sans avoir de colégataire. Dans ce cas en effet, une moitié lui serait attribuée, l'autre resterait au titulaire de
la nue-propriété.

Legs d'un usufruit à un esclave commun.

Avant de terminer notre chapitre de l'accroissement,
nous allons examiner ce qui se passait dans le cas d'un
usufruit laissé à un esclave appartenant à deux maîtres, si l'un d'eux ne recueillait pas ou perdait sa part.
A ce propos une controverse s'était élevée entre les
jurisconsultes romains sur le point de savoir s'il fallait
appliquer à cette hypothèse les règles de l'accroissement en matière d'usufruit.

Ulpien, au titre *de usufructu accrescendo* (*Digeste*), suppose dans la loi 1er § § 1 et 2 qu'un usufruit a été laissé à un esclave de deux maîtres ; si l'un d'eux répudie ou perd sa part, l'autre aura-t-il le droit à la totalité de l'usufruit? D'après Julien, le jurisconsulte déclare qu'il recueillera le tout en vertu de l'accroissement. Le texte d'Ulpien se retrouve aux Fragments de Vatican (§ § 75 et 76) avec plus de développements, aussi suivrons-nous de préférence ces derniers fragments.

Cette décision est contredite pour le legs de propriété par Celse dans la loi 20 *de legatis* II. Il n'y a pas à tenter ici une conciliation entre les deux textes sous le prétexte que l'un s'applique à l'usufruit et l'autre à la propriété. Celse met sa solution sous le patronage de Proculus, Ulpien et Julien étaient Sabiniens, la contradiction s'explique donc parce que chacun des fragments donne la solution d'une des écoles rivales.

Ulpien justifie son opinion en disant que l'usufruit tire son existence de l'esclave et non des maîtres, et que, dès lors, aucune partie du droit ne doit se perdre tant que l'esclave existe. Peu importe que les maîtres aient acquis l'usufruit en proportion de leurs parts dans la propriété de l'esclave, comme le dit Celsus, et non par moitié chacun comme dans le cas d'un legs fait à deux personnes ; tant que l'esclave vit l'usufruit reste entier, et il appartient pour le tout au maître qui seul veut ou peut le recueillir. Pomponius (Fgt Vat. 75) répond à Ulpien que la situation de l'esclave doit être comparée à celle de l'usufruitier unique qui cède sa part ou la perd par non usage et qui ne la retrouve pas en vertu de l'accroissement. En effet, quand un des maîtres répudie ou perd son droit, c'est comme si l'esclave lui-même le perdait, et l'autre maître ne saurait l'acquérir, puisqu'il tient son droit de l'esclave lui-même. Donc, que l'on considère l'usufruit comme existant du chef des maîtres ou seulement dans la personne de l'esclave, il n'y a de toute façon aucun accroissement possible, puisque dans un cas on sera obligé de dire que les maîtres ont recueilli *pro partibus dominicis* et par conséquent n'ont pas concouru, dans l'autre on devra assimiler l'esclave à l'usufruitier unique dont parle Pomponius.

Ulpien convient que l'argument de Pomponius est pressant, mais il y répond en posant à ses adversaires (§ 76) l'espèce suivante qu'il emprunte encore à Julien : Un usufruit a été légué à un esclave commun et à Titius ; si un des maîtres ne recueille pas, ou perd sa part, elle accroîtra à l'autre maître seul, et non pas pour moitié à Titius et à lui, ou bien à Titius seul.

Que diraient de cela nos adversaires, s'écrie Ulpien ? D'après lui, l'opinion des Proculéiens conduirait à faire bénéficier Titius seul de la part perdue par un des maîtres, puisque l'esclave se trouverait assimilé à un usufruitier unique qui n'a droit de recouvrer par accroissement aucune partie de ce qu'il a perdu. Il est certain que Celsus et Pomponius, pour être conséquents avec eux-mêmes, auraient dû donner cette solution. Ulpien semble croire qu'un tel résultat suffit pour condamner la doctrine de ses adversaires, et il n'en poursuit pas plus loin la réfutation.

Justinien au *Digeste* reproduit les solutions d'Ulpien, et il assimile les deux maîtres à deux légataires *cunjuncti verbis*. Pour lui l'hypothèse est la même que celle d'un legs fait à Titius et à Mœvuis d'une part et à Tertius d'autre part.

Il nous semble pourtant que l'opinion de Celsus était la plus rationnelle et nous n'éprouvons pas la répugnance d'Ulpien pour les résultats auxquels elle aboutit dans le cas du legs fait à l'esclave commun et a Titius ; il nous paraît naturel de faire profiter Titius seul de l'extinction de l'usufruit survenue pour une des parts de ces maîtres qui ne sauraient avoir entre eux un droit d'accroissement, puisqu'ils ont été appelés à des portions déterminées (*partibus dominicis*).

CHAPITRE VI

DU LEGS DE QUASI-USUFRUIT.

SECTION PREMIÈRE. — *Des choses susceptibles
de quasi-usufruit.*

Nous avons dit, au commencement de notre étude,
que le droit civil ne permettait pas de constituer un
droit d'usufruit sur les choses incorporelles et sur celles qui se consomment par le premier usage. La conséquence d'une pareille règle est aisée à saisir ; elle
devait amener les résultats suivants : 1° Le testateur
qui ne possédait pas d'autres biens que des droits
incorporels ou des choses *quæ ipso usu consumuntur*
ne pouvait laisser aucun legs d'usufruit valable. 2°
Quand on avait légué l'usufruit de tous ses biens ou
d'une quote part de ses biens, le legs était bien valable, mais il excluait toutes les choses dont le droit
civil ne permettait pas de léguer l'usufruit.

Ces rigueurs dûrent surtout paraître gênantes quand
furent promulguées les lois caducaires, qui limitaient
la portion d'usufruit que les époux pouvaient se léguer

entre eux (Ulpien, XV, § 3). La circonstance fortuite
que le patrimoine du *de cujus* était en grande partie
composé de ces biens pouvait ainsi réduire la part de
son conjoint plus que la loi elle-même ne l'aurait voulu.
Aussi, rattache-t-on quelquefois au système des lois
caducaires la réforme législative qui mit fin à l'ancienne
règle du droit civil.

Cette réforme fut accomplie par un Sénatus-consulte
dont on ignore la date mais qu'on croit pouvoir attribuer au règne d'Auguste ou à celui de Tibère. On
se base, pour fixer cette date approximative sur un passage de Cicéron qui prouve que l'ancien droit civil était
encore appliqué de son temps (*Topic*, 3, § 5) et sur
le fait que Sabinus commenta le Sénatus-consulte. Du
reste, il semble que le Sénat ne fit que confirmer une
pratique déjà répandue, car Cicéron lui-même nous
donne l'exemple d'un legs d'usufruit de tous biens qu'il
ne présente pas comme inefficace (*pro Cecina* 4) (Voir
M. Accarias, t. I. n° 280 note.).

Le Sénatus-consulte avait pour but de valider le legs
d'usufruit, portant sur toutes les choses faisant partie
d'un patrimoine, sans distinction entre elles. (L. 1,
Dig. de us. ear. rerum. L. VII, t. 5).

La jurisprudence, se fondant sur la généralité de
cette disposition reconnut comme efficace non seulement le legs portant sur les choses qui se consomment par l'usage, mais encore celui qui avait pour objet
l'usufruit des choses incorporelles, comme les créan-

ces et les servitudes. Est-ce à dire que, par l'effet du
Sénatus-consulte, il fut désormais possible d'établir
un véritable usufruit sur ces biens? Non certainement,
une disposition législastive ne pouvait rien contre la
nature des choses qui s'opposait à un pareil résultat.
Mais le Sénatus-consulte eut pour effet de permettre
au légataire d'obtenir sur les biens en question un droit
analogue, sous certains rapports, à l'usufruif. (L 2.
Dig. L. VII, t. 5), et que les commentateurs ont appelé
depuis *quasi-usufruit*. Moyennant la promesse de restituer, à la fin du temps fixé pour l'usufruit, des choses
égales en quantité et qualité à celles sur lesquelles portait le legs, il put obtenir la remise de ces choses avec
le droit d'en disposer à son gré. (Ulpien XXIV, § 27).
Cette promesse (*cautio*) était, comme celle de l'usufruitier ordinaire, garantie par des *satisdationes*.

L'application du Sénatus-consulte aux créances et
aux servitudes n'alla pas sans quelques difficultés. La
loi 3 *de us. earum rerum*, nous montre que Nerva refusait de valider le legs d'usufruit d'une créance, quand
le légataire n'était pas le débiteur lui-même.

Le doute venait d'abord de ce que les créances sont
choses incorporelles et ne rentraient pas dans l'expression *res* du Sénatus-consulte prise dans son sens étroit.
De plus, les créances, incessibles en principe, ne pouvant passer à un autre qu'à l'héritier, on se demandait
par quel moyen le légataire ferait valoir ses droits à
l'encontre des débiteurs. Quand le légataire était débi-

teur lui-même, la difficulté n'existait pas, car il n'avait pas besoin d'agir contre un débiteur, il lui suffisait, pour obtenir le bénéfice de la libéralité, de repousser par une exception de dol l'héritier qui réclamait le paiement au mépris du testament, avant la fin de l'usufruit. L'effet du legs était d'accorder un délai et de dispenser de payer les intérêts pendant le même délai.

Quoiqu'il en soit, l'opinion de Nerva ne prévalut pas, et le legs fut reconnu efficace même quand il s'adressait à un autre qu'au débiteur. Cassius et Proculus approuvent cette solution. En effet, le Sénatus-consulte portait sur toutes les choses qui composent le patrimoine, et par conséquent même sur les biens incorporels. D'autre part, si le légataire était contraint d'agir contre le débiteur, l'héritier pouvait lui en fournir les moyens grâce à une cession d'actions, comme cela se pratiquait pour le legs de créance (L. 24 *de verb. oblig. Dig.* XLV, t. 1er). Comme le fait remarquer Pellat (Pandectes, Quasi-usufruit) Ulpien, l'auteur de cette loi, devait d'autant mieux admettre cette opinion que de son temps et par l'interprétation extensive d'une constitution d'Antonin le Pieux on accordait au légataire d'une créance, indépendamment de toute cession, le droit d'intenter une action utile en son nom.

Quant à la promesse de restituer, pour le légataire débiteur elle se réduisait à promettre pour l'avenir les intérêts dont l'héritier était tenu de lui faire remise pour la durée de l'usufruit; pour le légataire non débiteur, elle consistait à promettre de renoncer au mandat d'exercer les actions et de rendre une somme égale au montant de la créance s'il la touchait avant l'expiration de son droit.

L'application du Sénatus-consulte aux servitudes rencontrait une objection dans la règle *servitus servitutis esse, non potest*. En effet, établir un usufruit sur une servitude c'était bien constituer une servitude (personnelle) sur une autre servitude (L. 1, *Dig*. L. XXXIII, t. 2.) Ce texte nous montre comment on procédait pour permettre au légataire de bénéficier de la libéralité. On lui accordait l'exercice d'une action *incerti* contre l'héritier. Celui-ci avait deux moyens de s'acquitter du legs : ou bien il promettait au légataire qu'il lui serait permis d'exercer le droit de servitude légué sa vie durant, ou bien il constituait la servitude au profit du fonds de ce légataire à la condition que celui-ci promettrait de l'éteindre par *in jure cessio* à la fin de l'usufruit. Ce dernier procédé était plus avantageux pour le légataire, parce qu'il lui permettait d'exercer l'action confessoire contre l'acquéreur à titre particulier du fonds servant.

Nous avons supposé qu'il s'agissait dans ce texte de Paul d'une servitude à établir et non d'une servitude déjà existante. (*Sic*. Pellat, Pandectes, sur le *quasi-usufruit*). En effet, s'il s'agissait d'une servitude constituée déjà au profit du testateur, on n'en pourrait léguer l'usufruit à un propriétaire voisin sans changer le fonds dominant lui-même, ce qui ne se peut pas, car ce serait modifier l'exercice de la servitude. M. Accarias (t. I, n° 280, note) pense, au contraire, qu'il s'agit d'une servitude déjà établie, autrement, dit-il, on ne comprendrait pas l'objection tirée de la règle *servitus servitutis esse non potest*. Il nous semble que l'objection porte aussi bien, même si l'on adopte la première interprétation ; en effet, de toute façon, si on admet la possibilité d'établir un usufruit véritable sur une servitude, on sera forcé de créer servitude sur servitude. Que le droit de passage dont parle le texte ait existé pendant la vie du testateur ou bien qu'il s'agisse de le créer après sa mort, il n'en est pas moins vrai que le legs d'usufruit aurait pour effet de le grever d'un droit de servitude personnelle, ce qui est contraire à la règle *servitus servitutis esse non potest*. L'interprétation de M. Accarias nous semble, du reste, directement contraire au texte. En effet, elle suppose que la servitude dont l'usufruit est légué existe au profit du fonds du testateur ; or le texte dit que c'est l'héritier *qui eundi agendi ducendi facultatem præstet*, c'est donc qu'il est proprié taire du fonds servant et non du fonds dominant, contrairement à ce qu'il faudrait admettre avec l'opinion de M. Accarias.

Par l'effet du Sénatus-consulte et de l'interprétation qu'en donnèrent les jurisconsultes, on voit que toutes les choses *in commercio* purent faire l'objet d'un legs d'usufruit valable. Il devint donc possible aux testa-

teurs de léguer en bloc l'usufruit de tout ou partie de
leurs biens. Mais le legs d'usufruit ne devint pas pour
cela un mode d'acquisition *per universitatem*. Comme
tous les légataires, celui qui en bénéficiait pouvait voir
son émolument diminuer et même se réduire à rien faute
d'actif, mais jamais il n'était tenu des dettes en proportion de ce qu'il avait recueilli (L. 69, *Dig.* L. XXXV, t. 2).

Le legs d'usufruit de tout ou partie d'un patrimoine
portait, non seulement sur les biens que possédait le
testateur au moment de la confection du testament,
mais encore sur tous ceux qu'il avait acquis jusqu'à l'é-
poque de sa mort. (L. 73, *pr. Dig*, L. XXXV t. 2.).

Quel était exactement l'objet d'un pareil legs ? Etait-ce
l'usufruit des biens eux-mêmes, ou seulement de leur
estimation ? A cet égard, les textes nous révèlent qu'une
controverse s'était élevée entre les Proculéiens et les
Sabiniens. Les premiers déclaraient l'héritier tenu de
délivrer le legs en nature, et cela paraît, en effet, bien
conforme à la volonté du testateur. Les Sabiniens au
contraire prétendaient que l'héritier était tenu de fournir seulement l'usufruit de l'estimation des biens. L'o-
pinion qui prévalut paraît être fondée sur une idée de
faveur pour l'héritier qui se voyait dépouillé de la plus
grande partie des avantages de la succession : on lui
laissa le choix de fournir, soit l'usufruit des biens eux-
mêmes, soit l'usufruit de leur estimation. Scœvola nous
indique cette solution pour le legs d'usufruit, et Pomponius l'admet dans un cas analogue pour le legs de

propriété. (L. 32, § 8, *Dig*. L. XXXIII, t. 2 ; L. 8, *in fine*
L. XXX).

Si un testateur avait légué l'usufruit, non de ses
biens, mais de leur estimation, contrairement à la décision précédente, l'héritier ne pourrait, à son choix,
fournir l'usufruit de l'estimation ou des biens en
nature ; le légataire devait recevoir forcément l'usufruit
de l'estimation. Outre cette différence, le legs dont nous
parlons en présente encore d'autres qui le distinguent
du legs d'usufruit de la totalité ou d'une quote-part
du patrimoine : soient deux legs faits à la même personne, le premier portant sur la propriété des choses
mêmes, le second sur l'usufruit d'une ou plusieurs
de ces choses. Quel sera l'étendue des droits du légataire ?

En vertu du premier legs il aura la propriété des
choses léguées, mais, comme le droit de propriété comprend le droit d'usufruit, il ne saurait prétendre à l'é-
quivalent de l'usufruit des choses comprises dans le
second legs. Supposons maintenant que dans le premier
legs le testateur a disposé de la propriété de plusieurs
biens, et dans le second de l'usufruit de leur estimation. Alors le légataire, qui obtiendra la propriété en
vertu du premier legs, pourra encore, en se fondant sur
le second, prétendre à l'usufruit de leur estimation. En
effet, l'avantage que procure le second legs ne se trouve
pas, ici comme tout à l'heure, compris dans le premier,
car il consiste dans la jouissance d'une somme d'argent,

jouissance qui n'est pas impliquée dans la propriété déjà léguée. (L. 42, § 1. *Dig. de usuf.* L. VII, t. 1, L. 34, § 1, de leg. I.) (Cft. Genty, nᵒ 117).

SECTION II. — *Effets du legs de quasi-usufruit.*

Le legs de quasi-usufruit ne procure jamais qu'un droit de créance et une action par laquelle le légataire, après avoir fourni la caution, obtiendra la délivrance des objets sur lesquels porte son droit.

Des doutes se sont élevés cependant pour le cas où le legs était fait *per vindicationem*; certains auteurs ont prétendu qu'alors le légataire était investi d'une action réelle pour obtenir la remise et la jouissance de l'objet légué. Il faut bien déterminer dans quels cas la controverse peut s'élever : chaque fois que le testateur a légué l'usufruit d'une certaine quantité de choses prises *in genere*, comme par exemple de 10 mesures de blé, de telle somme d'argent à prendre sur sa succession, il est certain qu'il ne saurait être question d'accorder un droit réel au légataire, car les droits réels ne peuvent porter que sur des choses individuellement déterminées.

Mais quand on a légué l'usufruit de telles pièces d'argent renfermées dans tel secrétaire, ou du blé contenu dans un grenier, il y a alors une spécialisation de l'objet du legs suffisante pour servir d'assiette à un droit réel. En effet, s'il s'agissait d'un legs de propriété *per vindicationem* portant sur les mêmes objets le légataire serait, sans nul doute, armé de l'action en revendication.

Les partisans du droit réel résultant du legs *per vindicationem* de quasi-usufruit se divisent en deux catégories. Les uns veulent investir le légataire de l'action confessoire destinée à garantir le droit réel d'usufruit qu'ils lui supposent, les autres lui donnent la faculté d'intenter l'action en revendication parce que, selon eux, l'effet du legs est de rendre le légataire propriétaire, sauf obligation de promettre la restitution. (Cft. Lauterbach, Pandectes L, 7, t. 5, n° 12.)

Aux premiers, nous répondrons qu'il ne saurait y avoir d'action confessoire, là où il n'y a pas usufruit véritable et que le Sénatus-consulte n'a pu créer sur les biens *quæ ipso usu consumuntur* un véritable droit d'usufruit, parce que cela est contraire à la nature des choses. Aux seconds, nous dirons que le légataire ne peut être investi d'un droit de propriété parce que l'objet de son legs porte sur l'usufruit seulement, d'après les expressions mêmes du testateur, et qu'il ne saurait obtenir autre chose que ce qui lui a été légué. D'ailleurs, plusieurs textes supposent formellement qu'un transfert de propriété est nécessaire pour permettre au quasi-usufruitier d'entrer en possession. Il est vrai que ces textes ne se réfèrent pas expressément au cas où le quasi-usufruit doit porter sur des objets individuellement déterminés, mais ils semblent avoir surtout pour but de préciser exactement l'effet de la réforme contenue dans le Sénatus-consulte, et leurs termes seraient beaucoup trop absolus s'il fallait faire à la règle qu'ils posent une exception aussi importante que celle qui résulterait de la doctrine de nos adversaires : Ulpien, (XXIV, § 27), dit : *Senatus consulto cautum est ut etiamsi earum rerum quæ in abusu continuntur ut puta vini, olei, tritici, ususfructus legatus sit, legatario res* TRADANTUR, *cautionibus interpositis.....* et Gaïus L. 7, *Dig.* L. VII, t. 5 : *Si vini olei frumenti ususfructus legatus erit, proprietas ad legatarium* TRANSFERRI *debet,* et ce dernier texte est inséré par Justinien au *Digeste,* à une époque où tous les legs avaient les effets de l'ancien legs *per vindicationem.*

Le légataire de quasi-usufruit n'a donc jamais qu'un droit de créance, une *actio ex senatus-consulto* ; son legs, quelle que soit sa forme, ne peut jamais lui donner plus, puisqu'il est nul en lui-même et ne saurait produire aucun effet ; si la libéralité n'est pas complètement perdue pour lùi, c'est au Sénatus-consulte qu'il le doit, et c'est d'après ce Sénatus-consulte seul qu'il exercera son droit ; or, le Sénatus-consulte dit que le légataire pourra *obtenir le transfert de propriété,* moyennant la promesse de restituer à la fin de l'usufruit, et il ne dit rien de plus, donc le droit du légataire ne saurait aller au-delà. (Favre *Rationalia* II *ad* L. 12, D. VII, 5 ; Genty nº 412 ; *Lauterbach loc. cit.*)

7

Quand l'usufruit légué portera sur une somme d'argent, le légataire pourra agir contre l'héritier au moyen de la *condictio certæ pecuniæ* ; dans ce cas il devra suivre la procédure des *sponsiones tertiæ partis* et courir les chances de la *plus petitio*. (Gaïus C. IV, §§ 54 et 171).

Si le legs a pour objet une quantité certaine de choses déterminées, il intentera la *condictio certi*. Dans ce cas encore il sera exposé à la *plus petitio*.

Dans toutes les autres hypothèses, la *condictio incerti* lui sera seule ouverte.

SECTION III. — *De la « cautio » dans le quasi usufruit.*

La prestation de la caution de la part du légataire offre dans le quasi-usufruit une importance au moins égale à celle qu'elle présente dans l'usufruit véritable. Le Sénatus-consulte semble en faire une condition *sine qua non* de la validité du legs. (L. 1, *Dig. de usuf. ear-rerum*) et il est interdit au testateur d'en faire la remise (L. 8, *cod. Dig.* et l. 6, pr. L. XXXVI, t. 4 ; L. 1, *Code*, l. III, t. 33).

Ici, bien entendu, la promesse du légataire ne saurait garantir que la restitution d'objets de même nature et de même qualité ; il n'a pas à promettre de jouir en bon père de famille, puisqu'il a le droit de disposer comme un véritable propriétaire.

La loi 24, *Dig.* L. XXXIII, t. 2, nous montre quels effets importants étaient attachés à la prestation de la caution. Cette loi suppose qu'une femme est usufruitière des biens de son mari. La succession comprend des créances productives d'intérêts ; le texte nous dit que les intérêts de ces créances qui courront jusqu'au moment de la prestation de caution devront entrer en ligne de compte dans la promesse de restituer à titre d'augmentation apportée au capital. Il semble donc que le droit de la légataire à ces intérêts, c'est-à-dire son droit de jouissance, ne commence qu'au moment où elle fournit la caution exigée par le Sénatus-consulte. Il n'en serait pas de même pour les placements faits, non par le *de cujus*, mais par l'héritier, les intérêts produits par ces placements ne devraient pas augmenter le montant des restitutions à promettre par l'usufruitier (V. M. Gérardin : *de l'acquisition des fruits par l'usufruitier*).

— On a dit que le Sénatus-consulte ne s'appliquait qu'aux legs, et non aux modes de constitution entre-vifs de l'usufruit. Les termes mêmes dans lesquels le Sénat avait formulé sa réforme semblent bien autoriser cette restriction. Il n'en résultait pourtant pas qu'il fût impossible de constituer entre-vifs un droit de quasi-usufruit, il suffisait pour cela d'avoir recours aux moyens que le Sénatus-consulte employa pour donner efficacité au legs lui-même, moyens qui, après tout, n'étaient que des actes entre-vifs : tradition des objets et promesse de restituer. Il est même probable que l'innovation du Sénatus-consulte consista seulement à rendre obligatoire pour l'héritier l'exécution du legs qu'il devait souvent consentir auparavant en constituant ainsi au profit du légataire un droit qui devint le quasi-usufruit.

CHAPITRE VII

DU FIDÉICOMMIS D'USUFRUIT

La théorie des fidéicommis présente tant de points de contact avec celle des legs qu'il nous est impossible de terminer cette étude sans parler du fidéicommis d'usufruit.

En droit civil, le fidéicommissaire n'était pas considéré comme titulaire du droit de jouissance qu'il exerçait ; il occupait la place du légataire ou de l'héritier dont l'usufruit avait été grevé de fidéicommis, et ceux-ci restaient les véritables usufruitiers. Si le grevé venait à mourir ou s'il subissait une *capitis minutio*, l'usufruit prenait fin entre les mains du fidéicommissaire, parce qu'il n'existait pas de son chef : le droit civil ne le connaissait pas. (L. 29, *Dig*. L. XXXIII, t. 2).

Les rigueurs du droit civil contre le fidéicommissaire furent adoucies par la législation du Préteur qui accorda à celui-ci les mêmes droits que s'il avait été le véritable légataire de l'usufruit : « *Prætor jurisdictione suæ id agere debet ut idem servetur quod futurum esset si ei cui ex fideicommisso restitutus esset legati jure acquisitus fuisset.* » C'est ainsi que s'exprime Gaïus, dans la seconde partie du fragment que nous venons de citer. Désormais donc le fidéicommissaire cessa d'être exposé aux risques d'extinction de son droit en la personne du grevé.

Du moment qu'on avait reconnu aux fidéicommissaires un véritable droit à leur libéralité, cette solution s'imposait, car il eut été contradictoire d'avouer que le testateur n'avait voulu gratifier que lui, en l'armant d'une action contre le grevé, et de soumettre son droit aux modifications qui pouvaient se produire du chef de celui qu'on ne considérait plus comme bénéficiaire réel de la disposition. C'eut été scinder la volonté du testateur pour ne lui donner qu'en partie satisfaction.

Si le fidéicommissaire a désormais les mêmes droits que les légataires, il ne saurait en avoir davantage. C'est ce que dit Julien (L. 3, *Dig.* L. VII, t. 6), et il en conclut que l'usufruit s'éteindra par non-usage entre ses mains comme entre celles de tout usufruitier, sans qu'il puisse obtenir la *restitutio* de son droit : « *Est enim absurdum plus juris habere eos qui possessionem duntaxat ususfructus, non etiam dominium adepti sunt.* » Il semble, d'après ces derniers mots du texte, que le fidéicommissaire était considéré seulement comme quasi-possesseur de son droit.

Le nouveau droit que le Préteur reconnaissait au fidéicommissaire était protégé par une action utile qu'on lui permettait d'intenter contre le nu-propriétaire si celui-ci se prévalait d'une extinction du droit du chef du grevé. (L. 29, § 2, *Dig.* L. VII, t. 4).

Ce texte nous apprend toutefois que cette solution ne fut pas admise sans quelque difficulté, puisque Pomponius hésitait à regarder le fidéicommissaire comme un véritable titulaire de l'usufruit.

Nous trouvons au même titre une loi 4 de Marcien qui dispose qu'en compensation le fidéicommissaire sera désormais déchu de son droit s'il survient une cause d'extinction de son chef. « *Id agere Prœtor debet ut ex fideicommissarii persona magis quam lega tarii pereat ususfructus.* »

Mais que se passait-il quand le légataire grevé était encore vivant lors de l'extinction de l'usufruit du chef du fidéicommissaire ? L'usufruit retournait-il à la nue-propriété ou bien au grevé lui-même ? A cet égard, il faut s'en rapporter uniquement à la volonté du testateur. Si, par le fidéicommis, il a voulu gratifier le légataire en même temps que le fideicommissaire et à son défaut, il faudra dire que le légataire recueillera l'usufruit éteint du chef du fidéicommissaire. Mais si le testateur n'a pas entendu gratifier le légataire, s'il ne l'a désigné que *fideicommissarii causa,* par exemple pour cause d'incapacité du fidéicommissaire, l'usufruit éteint retournera à la propriété et non au légataire. C'est ce que prévoit un texte d'Ulpien qui tranche une question relative à la caution. (L. 9, pr. *Dig.* L. VII, t. 9).

« Si on m'a légué un usufruit à charge de le restituer à Titius, dit Ulpien, qui devra fournir la caution ? Titius ou bien moi, en ma qualité de légataire ? Faudra-t-il dire que l'héritier m'obligera à la fournir et qu'à mon tour, je l'exigerai du fidéicommissaire ? il est plus simple de faire cette distinction : si j'ai quelque vocation à l'usufruit, s'il peut me revenir après que vous l'aurez perdu, il nous faut procéder ainsi : vous me fournirez caution et je la fournirai moi-même au nu-propriétaire. Si l'usufruit ne m'a été laissé que *fideicommissarii causa*, et que je ne puisse en aucune façon prétendre à l'obtenir, alors le fidéicommissaire fournira caution directement au nu-propriétaire ».

Marcellus (L. 17 pr. *Dig. de leg* 2°) nous rapporte une décision fondée sur la même distinction : on a légué dix mille sesterces à Titius, en le priant de les remettre à Mœvius. Si Mœvius est mort, Titius profitera du legs et non l'héritier, à moins qu'il n'ait été désigné que comme intermédiaire. Il en serait de même pour un legs d'usufruit.

Ainsi, d'après le droit prétorien, dans le cas de fidéicommis d'usufruit, il y avait comme deux libéralités différentes, l'une au profit du fidéicommissaire, l'autre au profit du légataire grevé, et, en quelque sorte, subsidaire, qui ne produisait son effet qu'en cas de survie du légataire au moment de l'extinction du droit du fidéicommissaire.

Tant que le fidéicommis ne put conférer au fidéicommissaire qu'un droit de créance, c'est-à-dire jusqu'à la réforme de Justinien, celui-ci ne put bénéficier de l'accroissement, puisque son titre pouvait tout au plus lui donner les droits d'un légataire *per damnationem* (Fragt. Vat. § 85 *in fine.*).

Après Justinien, l'assimilation des fidéicommis aux legs fut complète, tous deux conférèrent un droit réel et permirent de participer à l'accroissement. A cette époque, en effet, entre le legs et le fidéicommis d'usufruit il n'y a plus que la différence du nom.

DROIT FRANÇAIS

DES

MARQUES DE FABRIQUE ET DE COMMERCE

ET DU NOM COMMERCIAL

DANS LES RAPPORTS INTERNATIONAUX

AVANT-PROPOS

De toutes les dispositions législatives destinées à protéger la propriété industrielle, les lois qui punissent la contrefaçon des marques de fabrique et de commerce et l'emploi frauduleux du nom commercial sont assurément celles dont on peut le moins contester le principe et l'utilité.

S'il est possible de comprendre, qu'au nom de la liberté de l'industrie, plus ou moins bien entendue, on refuse à l'inventeur ou même à l'auteur d'un dessin ou modèle de fabrique un droit exclusif d'exploitation, on ne saurait, au contraire, s'expliquer qu'un législateur honnête laissât longtemps impunie la fraude qui consiste à s'approprier indûment les fruits de la réputation qu'un concurrent s'est légitimement acquise.

Aussi voit-on sans étonnement que, dans certains pays, comme la Suisse et les Pays-Bas la répression des contrefaçons de marques et de noms a été assurée alors que les inventeurs y réclament encore la protection des lois.

Mais, si les lois sur les marques et les noms sont plus nombreuses que les lois sur les brevets d'invention, il s'en faut de beaucoup qu'elles soient conçues dans un esprit aussi libéral au point de vue des droits accordés aux étrangers.

Toutes les législations sur les brevets, en effet, reconnaissent à l'étranger le droit exclusif d'exploitation, sans exiger de lui qu'il remplisse d'autres formalités ou se soumette à d'autres conditions que celles imposées aux nationaux eux-mêmes.

Il n'en est pas de même pour les marques de fabrique ou de commerce ni pour les noms commerciaux.

En cette matière, elles se placent à un point de vue bien plus étroit.

Ainsi, la législation française ne protége les marques des étrangers qu'en cas de réciprocité diplomatique ou législative, à moins qu'elles ne soient apposées sur les produits d'établissements situés en France. Pour les

noms, elle est encore plus rigoureuse, et n'admet même
pas ce dernier tempérament.

Si l'on prend garde qu'avant 1873 la réciprocité législative n'était pas suffisante pour fonder chez nous le
droit de l'étranger, et qu'il en est encore ainsi dans
beaucoup d'autres pays, on comprendra qu'il ait été nécessaire de conclure un grand nombre de traités pour
garantir la loyauté de la concurence internationale.

On ne s'est pas arrêté là dans la vote du progrès, et,
depuis quelques années, un grand mouvement d'opinion
s'est produit dans le sens d'une entente entre tous les
pays civilisés pour la protection des inventions brevetables, des dessins et modèles de fabrique, des marques
et du nom commercial. Ces aspirations ont trouvé leur
première réalisation pratique dans la convention du
20 mars 1883, par laquelle plusieurs États ont constitué
une Union internationale pour la protection de la propriété industrielle.

Notre étude se divisera donc naturellement en trois
parties : dans la première (1), prenant pour base la législation française, nous indiquerons les droits reconnus aux
étrangers en l'absence de tout traité diplomatique.
Quand nous aurons ainsi mis en lumière l'utilité des
conventions internationales, nous passerons en revue,

(1) Dans le premier chapitre de cette partie nous examinerons quelle
protection chaque pays accorde en notre matière aux étrangers. Le second
chapitre sera consacré à l'étude des mesures prises par certaines législations internes pour garantir les nationaux contre la contrefaçon étrangère. (En France : Loi du 26 novembre 1873 : Art. 19 de la loi du 23 juin
1857).

dans une seconde partie, les principales clauses des traités conclus entre la France et les états civilisés, et nous examinerons les questions importantes que fait naître l'application de ces traités. Enfin, dans notre dernière partie, nous aborderons l'étude de la convention de 1883 et des négociations diplomatiques auxquelles elle a donné lieu depuis cette époque.

Comme on le voit, notre étude doit avoir un double objet : les marques et le nom commercial. (1) Ces deux matières sont régies dans notre législation par deux lois distinctes, la loi du 23 juin 1857 sur les marques emblématiques, et la loi du 28 juillet 1824 sur les noms. Promulguées pour répondre aux besoins du moment, ces lois ont établi pour chacune de nos matières des règles spéciales dont les divergences manquent de fondement rationnel, sauf en ce qui concerne la formalité du dépot qui n'a sa raison d'être que pour les marques. Aussi a-t-on réclamé à juste titre une refonte de nos lois dans le but d'établir l'harmonie dans la répression de la contrefaçon (2). Quoi qu'il en soit, l'état actuel de notre législation nous obligera à séparer avec soin dans chacune de nos trois parties ce qui se rapporte aux marques et ce qui n'a trait qu'aux noms.

---

(1) Sous l'expression : nom commercial, employée comme locution abrégée, nous comprendrons tous les noms protégés par la loi de 1824 (nom de fabricant, raison de commerce d'une fabrique, nom de lieu de fabrication — V. Article 1er de cette loi).

(2) Voir à ce sujet un article de M. Ch. Lyon-Caen dans la *Revue critique*. Année 1878 p. 693.

PREMIÈRE PARTIE

——

CHAPITRE PREMIER.

PROTECTION ACCORDÉE AUX ÉTRANGERS.

Section première. — *Marques.*

§ 1. — Législation française.

Avant 1857 notre législation répressive sur les marques emblématiques se composait des seuls articles 142 et 143 du Code pénal dont l'excessive sévérité avait abouti à une impunité presque complète, les tribunaux reculant devant l'application d'une peine (réclusion) hors de proportion avec la faute commise.

Sous l'empire de cette législation de vives controverses s'étaient élevées sur le point de savoir si la protection de notre loi devait être accordée aux marques étrangères. La jurisprudence voyait dans le droit de propriété des marques une création de la loi civile, et, conformément à sa doctrine sur l'article 11 du Code civil, elle refusait à un étranger le droit de poursuivre en France les contrefacteurs de sa marque s'il n'avait été autorisé à établir son domicile sur notre territoire (art. 13 C. civ.), ou si une convention diplomatique ne garantissait pas le même droit aux Français dans son pays d'origine (1). La plupart des auteurs, au contraire, voyaient dans la propriété des marques un droit naturel qu'on devait respecter sans distintion, quelle que fût la nationalité de celui qui prétendait l'exercer. La loi du 23 juin 1857 mit fin à cette controverse en adoptant un système qui ne se réclame absolument ni de l'une ni de l'autre des deux doctrines alors en présence.

Le désaccord portait uniquement sur la question de savoir si le droit de propriété des marques fait partie du *jus gentium* ou du *jus civile*, et, suivant la réponse admise, doit ou ne doit pas être accordé aux étrangers. On ne prenait aucunement en considération la situation géographique de l'établissement producteur ou vendeur des marchandises. En 1857, au contraire, c'est cette dernière question qui devient la seule à résoudre pour statuer sur la protection en France ; tout dépend du lieu de l'établissement et non de la nationalité de son propriétaire.

Le système de la loi se réduit à deux propositions :

1° Est protégée en France toute marque apposée sur les produits d'un établissement situé sur notre territoire quelle que soit la nationalité de celui qui en fait usage.

(1) L'arrêt de la C. de cass. du 16 novembre 1857 (Pataille 1857 p. 361) rendu sur des faits *antérieurs* à la loi du 23 juin de la même année fut la dernière application de ce système. Voir la critique de cette jurisprudence : *Recueil d'économie politique* V° Marque p. 473 (M. Wolowski). Merlin : *Questions de droit* V° *Prop. litt.* 52, Rep. V° Etranger § 1 n° 8.

L'autorisation d'établir son domicile en France n'est plus exigée de l'étranger comme dans le système de la jurisprudence.

2° Pour les établissements situés à l'étranger, leurs marques ne sont garanties par la loi de 1857 que si un traité diplomatique de réciprocité unit la France avec le pays où ils se trouvent.

Ce principe s'applique même dans le cas où ces établissements appartiennent à des Français. Quant à ces derniers la loi restreint donc les droits que leur reconnaissait la jurisprudence antérieure. C'est ce qui résulte des articles 5 et 6 de la loi de 1857 ainsi conçus :

ART 5. — « Les étrangers qui possèdent en France « des établissements d'industrie ou de commerce jouis- « sent, pour les produits de leurs établissements, du « bénéfice de la présente loi, en remplissant les forma- « lités qu'elle prescrit.

« ART. 6. — Les étrangers et les Français dont les « établissements sont situés hors de France, jouissent « également du bénéfice de la présente loi, pour les « produits de ces établissements, si, dans les pays où « ils sont situés, des conventions diplomatiques ont « établi la réciprocité pour les marques françaises. — « Dans ce cas, le dépôt des marques étrangères a lieu « au greffe du tribunal de commerce du département « de la Seine. »

Sous l'empire de cette loi on discutait en doctrine la question de savoir si la réciprocité purement légale suffisait à fonder le droit de l'étranger à la protection de sa marque en France : M. Bédarride (*Marques de fabrique* n° 888) pensait que cette réciprocité suffisait, M. Rendu au contraire (n° 125. *Marques de fabrique*) ne s'en contentait pas. La cour de Paris (5 juin 1867, Kemp C. Herman et autres, Pataille 67, 298) s'était rangée à cette dernière opinion qui paraissait en effet, plus conforme au texte de la loi et aux travaux préparatoires (1). La question ne présente plus d'intérêt aujourd'hui, l'article 9 de la loi du 26 novembre 1873 l'a tranchée en ces termes : « Les dispositions des « autres lois en vigueur touchant le nom commercial, « les marques, dessins ou modèles de fabrique, seront « appliquées au profit des étrangers, si dans leur pays « la législation ou des traités internationaux assurent « aux Français les mêmes garanties. »

Comme on le voit cet article ne dit rien des Français établis à l'étranger, mais personne ne conteste qu'ils soient admis à invoquer la réciprocité résultant de la législation en vigueur dans le pays de leurs établissements. Il y a en leur faveur un argument *à fortiori* qu'on ne peut éluder sans prêter au législateur l'intention de commettre une absurdité.

La loi de 1873 n'a donc pas aboli le principe de réciprocité sur lequel reposait le système adopté en 1857,

(1) Rapport au Corps législatif : « La loi va plus loin; elle exige, et avec raison que cette réciprocité résulte de conventions diplomatiques. Il ne suffira pas que la loi étrangère punisse les contrefaçons et les usurpations de nos marques. ».

elle n'a fait que l'élargir en donnant une place à la réciprocité légale. Voici comment le rapporteur justifiait devant le Corps législatif cette exigence :

Après avoir indiqué que l'article 5 accordait la protection de leurs marques aux étrangers établis en France, il ajoutait : « La même faveur devait-elle être « accordée aux établissements situés hors de France « et appartenant à des étrangers ou même à des Fran- « çais ? Le projet ne le suppose point, il établit une « règle plus équitable, plus protectrice de nos intérêts : « la réciprocité. Pourquoi gêner par des restrictions « l'imitation des marques d'un pays où la marque de « de nos nationaux n'est point respectée ? Pourquoi « le faire, surtout quand les préjugés, dont le temps « fera justice n'acceptent certains produits nationaux, « même supérieurs, que s'ils sont revêtus de marques « étrangères ? »

Que ce système soit protecteur de nos intérêts, cela est possible, en ce sens qu'il excitera les pays étrangers à conclure des traités, par lesquels nous obtiendrons la protection de nos marques sur leur territoire, en échange du bénéfice de la loi française que nous leur offrirons. Mais qu'il soit équitable, comme le prétend le rapporteur, c'est à quoi nous ne pouvons consentir. Comme on l'a fort bien dit dans la discussion de la dernière loi belge, « la contrefaçon d'une marque de fabrique ou de commerce n'est en réalité qu'un vol commis au moyen d'un faux. » S'il était équitable de permettre un pareil acte il faudrait reconnaître qu'au nom de l'équité, on peut commettre bien des injustices,

Quand à la dernière considération que fait valoir le rapporteur, et qu'il tire d'un préjugé répandu en France d'après lequel certaines personnes ne trouvent bon que ce qui vient de l'étranger, elle ne saurait nous toucher. Si le préjugé existe réellement, le devoir du législateur était de le combattre et non de le flatter, car c'est un danger pour l'industrie française. Permettre l'usurpation des marques étrangères pour se conformer à cette mauvaise habitude n'est-ce pas apprendre peu à peu aux consommateurs l'adresse de nos rivaux ? Pour quelques acheteurs dupes de la supercherie, combien d'autres, se croyant plus habiles, chercheront à se procurer directement à l'étranger les produits excellents qu'on leur vante en cachant leur origine française. D'ailleurs, chacun n'a-t-il pas le droit de s'approvisionner où bon lui semble, et faut-il condamner à être toujours trompés ceux qui, pour une raison ou pour une autre, désirent acheter des produits étrangers ?

Le législateur de 1857 a trop perdu de vue ce côté de de la question qui ne regarde que le consommateur.

En tous cas, il est au moins singulier de voir le rapporteur venir si peu en aide au temps auquel il remet le soin de faire justice du préjugé qu'il déplore.

Nous verrons que plusieurs lois étrangères ont mieux

(1) V. Rapport fait au nom de la Section centrale par M. Demeur. (Chambre des représentants. Séance du 19 décembre 1877, *Doc. parlem.* 1877-78 p. 65 et s.).

appliqué que la nôtre le vrai principe de justice qui consiste à punir les fraudes sans égards pour la sympathie plus ou moins grande qu'excite la nationalité de la victime.

I. Marques étrangères protégées par la loi.

La loi française protége donc la marque d'un étranger dans deux cas (*indépendamment de toute réciprocité diplomatique*).

1° Quand elle est apposée sur les produits d'un établissement situé en France. (Art. 5, loi de 1857).

2° Quand l'étranger peut invoquer la réciprocité légale.

I. Prenons d'abord la première hypothèse. Quand pourra-t-on dire qu'il y a exploitation en France donnant droit à la protection de notre loi?

S'il s'agit d'une marque de fabrique, il faudra que l'étranger se livre sur notre territoire à une véritable fabrication. Cela résulte avec évidence du motif qui a guidé le législateur ; c'est parce qu'il favorise le travail national que l'étranger établi chez nous a droit à la protection de la lôi française, cette protection ne lui est accordée qu' « en échange du contingent qu'il fournit à la richesse et à l'activité du pays » (1).

S'il s'agit d'une marque de commerce, pour les mêmes raisons nous exigerons de l'étranger qu'il possède un établissement qui soit un véritable centre d'affaires ; une simple agence, destinée à transmettre à une maison

(1) Rapport au Corps législatif sous l'art 5 proposé.

étrangère les ordres du public français, serait insuffisante (1).

Le correspondant établi en France d'un industriel ou commerçant étranger pourrait-il déposer la marque de ce commerçant ou de cet industriel *en son propre nom*, et procurer ainsi à cette marque les avantages de la loi de 1857? Avant le traité de 1860 entre la France et l'Angleterre, la question s'était posée. Un négociant anglais avait fait déposer sa marque au nom de son correspondant français. Le ministre français signifia au commerçant anglais un arrêté dans lequel le dépôt était déclaré nul et non avenu. M. Huart (*Propriété industrielle* n° 75) approuve cette décision « Que protégerait-« on en effet, dans ce cas, dit-il? un intérêt étranger, et « pas autre chose. Que croirait acheter le public? un pro-« duit étranger. Et, si cette marque venait à être usurpée, « qui profiterait, en réalité de la répression apportée par « les tribunaux français à cette concurrence fraudu-« leuse? le fabricant étranger. Or c'est là précisément « et incontestablement ce que la loi n'a pas voulu » (2).

Nous pensons aussi, avec la plupart des auteurs, que la prétention du correspondant français n'était pas fondée. M. Alcide Darras (*Nouveau traité des marques de fabrique et de commerce* 1885. pp. 38 et 39) ne croit pas

---

(1) V. Bédarride n° 882 ; Ch Braun (J. D. I. P. 1881 p. 386 et *Nouveau traité des marques de fabrique et de commerce* n° 257 sur l'art 6 § 1er de la loi belge qui reproduit notre art. 5).

(2) Voir aussi Pouillet n° 329 ; Bédarride n° 882 et Huart *loco citato* n° 146.

qu'il faille accepter cette opinion : « la requisition avait
« été faite au nom du correspondant lui-même, dit-il. Il
« nous semble qu'elle aurait dû produire ses effets. Rien
« ne s'oppose à ce qu'un correspondant choisisse, pour
« lui et dans son intérêt, la marque employée à l'étran-
« ger par la maison-mère. Mais l'usage d'une marque
« dans un pays de non-réciprocité ne la fait-il point
« tomber en France dans le domaine public ? Le dépôt
« opéré par le correspondant français en son propre
« nom ne doit-il point, par suite, être déclaré inefficace ?
« Nous ne pensons pas que cette attribution se pro-
« duise dans l'intérêt du domaine public français (V.
« n° 38). Ainsi disparait l'objection dirigée contre notre
« système ». Nous croyons avec M. Darras, que le
domaine public français ne peut s'emparer des marques
étrangères non protégées, mais nous pensons que le
correspondant en question n'était pas mieux fondé pour
cela à effectuer un dépôt valable. Puisqu'il agit en
son propre nom nous devons lui appliquer exactement les mêmes principes qu'à tout autre Français
qui voudrait déposer une marque étrangère non garantie en France. Or, nous démontrerons plus loin qu'une
marque de ce genre ne saurait être l'objet d'un droit
exclusif valable au profit de nos nationaux (V. page 129).

On pourrait être tenté de combattre l'assimilation
que nous venons de faire en disant que le correspondant agit avec l'autorisation du négociant étranger, et
et que sa situation est, dès lors, bien différente de celle

des Français qui usurperaient la marque étrangère.

Nous répondrions à cette objection que le consentement du propriétaire de la marque ne peut avoir qu'un effet : mettre le correspondant à l'abri d'une action en concurrence déloyale qui compéterait, selon nous, contre tout usurpateur, mais qu'il ne saurait produire d'autre résultat. Admettre le contraire ce serait prétendre que le négociant étranger lui a pour ainsi dire cédé le droit à la protection de la loi française, droit qu'il n'avait pas lui-même ! (1)

Au point de vue des formalités à remplir pour obtenir le bénéfice de la loi française, l'article 5 assimile aux Français les étrangers dont nous nous occupons. Si ces étrangers ont à la fois un domicile et un établissement sur notre territoire, pas de difficulté ; le dépôt aura lieu au greffe du tribunal de commerce de leur domicile, que ce greffe soit ou non celui du ressort de leur établissement. (Art. 2).

Mais, si un étranger a son domicile hors de France, que faudra-t-il décider ? A interpréter à la lettre l'article 2, aucun greffe n'est compétent pour recevoir le dépôt de sa marque. En effet, cet article attribue compétence au greffe du domicile, et, par hypothèse, ce domicile est à l'étranger. D'autre part, le greffe du tribunal de commerce de la Seine ne doit recevoir les dépôts que dans le cas où les étrangers se réclament de l'article 6 (réci-

(1) Voir dans le sens contraire à notre solution un jugement du tribunal de commerce de la Seine du 25 juin 1845 (Droit 26 juin) La date de ce jugement lui ôte toute autorité comme interprétation de la loi de 1857.

procité) et non de l'article 5. La situation est bizarre et l'interprétation stricte des textes conduit à une véritable impasse.

Le seul moyen de trancher la difficulté est, croyons-nous, d'attribuer compétence au greffe de l'établissement. On peut dire, pour justifier cette solution, que le fabricant ou commerçant étranger se trouve, au point de vue de la loi française, domicilié au lieu de son établissement (1).

II. Nous dirons peu de chose des étrangers qui peuvent invoquer en leur faveur la réciprocité législative, (art. 9, loi du 26 novembre 1873) et cela pour deux raisons : la première c'est qu'en fait, cette réciprocité reste absolument lettre morte, tous les États qui protègent les marques étrangères d'après ce principe étant en outre liés par des conventions diplomatiques avec tous les pays civilisés ; la seconde raison qui nous fera passer vite sur ce point, c'est que la plupart des questions soulevées par l'application de cette réciprocité se retrouvent quand il s'agit d'étudier les effets des traités ; les discuter ici serait nous obliger à des redites, et nous pensons qu'il est préférable de les aborder seulement au moment où elles se présenteront à nous sous un aspect vraiment pratique : nous les réservons donc pour notre deuxième partie.

Il est facile de comprendre pourquoi les pays entre

____

(1) Cf. M. A. Darras *loco. citato* page 153. Voir aussi en ce sens Cass. 17 janvier 1885. (Sirey. 1886. 1. p. 93). Il s'agissait d'une société belge ayant un établissement en France et son siège social à l'étranger.

lesquels la réciprocité légale existe n'en ont pas moins continué à conclure des conventions diplomatiques. En effet, d'une part la législation intérieure de chaque pays peut changer et la réciprocité légale disparaitre, ce qui, en l'absence d'un traité laisserait les marques étrangères sans protection ; d'autre part et surtout, par le système des conventions, le gouvernement d'un pays peut assurer à ses nationaux des avantages particuliers qu'ils n'obtiendraient pas si on leur appliquait purement et simplement la législation interne du pays co-contractant. Nous en trouverons un exemple à propos de la forme de la marque.

Quand, dans la suite de ce chapitre, nous passerons en revue les systèmes adoptés à l'égard des étrangers par les diverses législations, nous verrons quels sont les États qui peuvent, grâce a leur loi protectrice des intérêts français, invoquer le bénéfice de l'article 9 de la loi de 1873.

*II. Situation des marques étrangères non protégées
par la loi. (1857-1873).*

Supposons qu'il n'existe aucun traité entre la France et un État étranger, et que la loi de cet État n'accorde pas protection aux marques françaises ; quelle sera chez nous la situation juridique des marques de ce pays ?

L'article 6 de la loi de 1857 et l'article 9 de la loi

de 1873 nous fournissent un argument *a contrario* irréfutable pour refuser aux marques dont nous parlons le bénéfice de ces deux lois. Est-ce à dire que le propriétaire de ces marques sera désarmé devant la contrefaçon ? Nous ne le croyons pas.

Que disent en effet l'article 6 de la loi de 1857 et l'article 9 de la loi de 1873 ? Que le bénéfice des lois spéciales sur les marques est refusé aux étrangers dans l'hypothèse que nous prévoyons. En quoi consiste ce bénéfice ? Dans le droit d'opérer le dépôt en France et de poursuivre correctionnellement les contrefacteurs. A l'égard de nos étrangers la loi de 1857 n'existe pas, donc pour eux pas de dépôt, pas d'action pénale. Mais, indépendamment de tout dépôt, la loi française reconnaît au propriétaire de la marque le droit d'intenter une action civile en concurrence déloyale fondée sur l'article 1382 Code civil ; cette action, aucun texte ne la refuse à l'étranger, et les principes nous obligent à la lui accorder. Comme le dit M. Bozérian dans une de ses savantes consultations. « Le droit pour l'étranger « de faire le commerce en France n'est pas un droit civil, « en s'y livrant il accomplit un acte autorisé par le droit « des gens. Il peut donc invoquer à son secours l'aide de « la loi française toutes les fois qu'il ne rencontre pas un « obstacle exceptionnel qui arrête ou paralyse l'exercice « de son action. » M. Bozérian tire un argument d'analogie de deux arrêts (1) de la cour de cassation qui

(1) Arrêts du 3 et du 5 juillet 1865 (S. 1865, 1, p. 441).

accordent à un étranger le droit de poursuivre une compagnie de chemin de fer pour lui faire défense d'exercer un commerce contraire à ses statuts. Un de ces arrêts, celui du 5 juillet 1865, dit formellement que « ces étrangers jouissent en tout ce qui concerne les « fonds de commerce de la même liberté et ont droit à la « même protection que les nationaux. » N'est-ce pas là le principe même que nous invoquons, et n'est-il pas incroyable que la jurisprudence, qui le proclame si hautement dans cette hypothèse, se refuse à l'appliquer quand il s'agit de la contrefaçon des marques ?

On objecte à notre système qu'il est en contradiction avec l'esprit de la loi de 1857 « que deviendraient, dit « M. Huard. (*Propriété industrielle* n° 146) le système « de réciprocité et les espérances de traités internatio- « naux fondées sur lui si, par un biais ingénieux on « arrive à protéger l'étranger qui n'offre pas aux Fran- « çais la même protection ?

Nous ne croyons pas être en opposition avec la loi de 1857. En refusant à l'étranger le droit d'opérer le dépôt, la loi l'a mis dans la même situation que le propriétaire français d'une marque non déposée. Or personne ne refuse à ce dernier l'action de l'article 1382 du Code civil, parce le législateur de 1857 a pris soin de dire qu'elle restait ouverte à ceux qui ne pouvaient invoquer la loi spéciale sur les marques (1). Pourquoi ne pas appliquer le même principe quand il s'agit de l'é-

(1) V. Exposé des motifs de la loi, à propos de l'art. 2 du projet.

tranger? M. Huard prétend que notre système enlève
tout intérêt à la conclusion d'un traité, il nous semble
au contraire qu'il y aura encore un grand avantage pour
les pays étrangers à assurer à leur nationaux la pro -
tection de notre loi spéciale. S'il intente l'action de
l'art. 1382 l'étranger sera tenu de prouver le préjudice
causé et la *mauvaise foi* de celui qui emploie sa marque (1). De plus la répression sera purement civile, elle
se réduira à une condamnation à des dommages-intérêts.
Enfin, nous sommes bien forcés d'admettre que la protection sera alors insuffisante, puisque le législateur a
jugé utile d'ajouter les dispositions spéciales de la loi
de 1857 quand il s'agit des marques nationales (2).
(Sic. Sirey 1880,1, p. 114, note de M. L. Renault).

Partant de ce principe que la marque étrangère qui
ne peut être déposée en France reste néammoins protégée par l'article 1382 du Code civil, il nous sera facile
croyons-nous, de répondre à la question suivante: la
marque d'un étranger d'un pays de non réciprocité est-
elle dans le domaine public? On dit d'une marque française qu'elle est tombée dans le domaine public quand

---

(1) « Au propriétaire d'une marque déposée le bénéfice de la loi actuelle,
« des garanties spéciales qu'elle institue et des actions qu'elle organise ; à
« celui qui n'effectue pas le dépôt le droit commun. Il se servira de sa
« marque sans pouvoir en être dépouillé, et il demandera à l'article 1282
« du C.civ. les moyens de se défendre contre toute concurrence déloyale. »
Rapport fait au nom de la Commission chargée d'examiner le projet de loi
(*Moniteur univ.* au 25 avril 1857. Annexe G. nº 111.) à propos de l'art. 2.
(2) Voir en ce sens Pataille (1857. p 262) Rendu, *Code de la propriété
industrielle* T. III, *Marques de fabrique.* Édition de 1881 nº 280. Paris
22 mars 1855 (Pat. 1855 p. 40).

son possesseur a toléré son emploi par des concurrents
pendant un temps assez long pour qu'on puisse présumer qu'il en a abandonné la propriété exclusive. Aucun
délai n'ayant été fixé par la loi, les tribunaux ont plein
pouvoir pour apprécier la durée que doit avoir cette
tolérance. Il n'y a pas à distinguer si la marque a ou n'a
pas été déposée. Le dépôt, en effet, d'après la loi française, n'est pas nécessaire pour donner naissance au
droit exclusif sur la marque. Faute de dépôt celle-ci
reste néammoins garantie, par l'article 1382 du Code
civil. L'effet du dépôt se réduit à ceci : 1° il prouve que
le déposant faisait usage de sa marque au moment de
l'enregistrement: 2° il constitue un acte de publicité qui
enlève aux contrefacteurs le bénéfice de l'exception de
bonne foi et donne ouverture à l'action correctionnelle (1). L'absence de dépôt ne suffit donc pas pour faire
tomber une marque dans le domaine public, mais la
marque non déposée y pourra tomber comme la marque
déposée, si son propriétaire néglige pendant un certain
temps de poursuivre les contrefacteurs.

Nous avons assimilé la marque étrangère d'un pays
de non-réciprocité à la marque française non enregistrée ; nous déciderons donc, continuant ici cette assimilation, qu'elle tombe dans le domaine public dans
les mêmes cas que cette dernière. Le propriétaire de

----

(1) « S'il était nécessaire d'accorder à la marque une protection efficace
« il ne l'était pas moins de fournir aux fabricants les moyens de se mettre
« en règle et d'éviter des contrefaçons ou des usurpations *involontaires*. »
Tel est d'après l'exposé des motifs de la loi de 1857 le but qu'on s'est proposé d'atteindre en instituant le dépôt.

cette marque peut, selon nous, intenter l'action de l'article 1382 du Code civil ; s'il néglige de le faire et tolère pendant un certain temps les usurpations, son droit exclusif cessera d'exister en France. Il en sera de même s'il laisse impunie la contrefaçon dans son pays d'origine. Ainsi, dans le cas où, d'après sa loi nationale, les marques non déposées tomberaient dans le domaine public, il faudrait décider qu'il ne pourra poursuivre en France les contrefacteurs, même en vertu de l'article 1382 du Code civil s'il n'a pas fait enregistrer sa marque dans son pays. Dans ce cas en effet, l'omission du dépôt à l'étranger équivaut à une renonciation tacite au droit exclusif.

La jurisprudence française admet que la marque étrangère d'un pays de non-réciprocité tombe en France dans le domaine public. C'est sur ce principe qu'elle s'appuie pour refuser tout effet au dépôt de cette marque même après la conclusion d'un traité diplomatique de réciprocité. Le traité, d'après elle ne saurait dépouiller le domaine public d'une acquisition antérieurement effectuée à son profit. De nombreux arrêts ont consacré cette jurisprudence (1).

Toute la doctrine de la cour de cassation repose sur cette affirmation qu'en refusant aux étrangers le droit d'opérer le dépôt, la loi française leur a enlevé toute protection. Nous avons essayé de démontrer que c'est

(1) Cass., 20 janvier 1864. (D. 64, 1, p. 451) ; Cass., 4 février 1865, (D. 65, 1, p. 197). Cass., 13 janvier 1880. (D. 80, 1, p. 225). Cass., 30 juillet 1884. (D. 85, 1, p. 448.).

là une erreur qui prend sa source dans une exagération évidente des effets du dépôt dans notre pays. Nous trouvons la trace de cette erreur dans le rapport de M. le conseiller Féraud Giraud sur l'affaire qui fait l'objet du dernier arrêt de la cour de cassation.

Pour répondre à ceux qui, comme nous, prétendent que la marque étrangère doit être respectée indépendamment de toute réciprocité, parce qu'elle constitue une propriété véritable, un droit inséparable de celui de faire le commerce, le rapporteur dit en effet : « Si « l'usage d'une marque dont on n'est pas l'inventeur « est réprouvé dans tous les cas, comme malhonnête, « et comme constituant un vol de la propriété d'autrui, « qu'importera que la description de ce bien ait été « ou non déposée au greffe d'un tribunal, et la loi « française, qui *soumet à cette formalité la conser-* « *vation* du droit naturel et sacré de propriété ne vio« lerait-elle pas, *pour ses nationaux* comme pour les « étrangers, les grands principes de morale dont on « déplore l'abandon au préjudice de ces derniers (1) ». On peut voir que la théorie de la cour de cassation est ici prise en flagrant délit de contradiction avec la loi, puisqu'elle conduit à dire que le dépôt seul conserve aux Français la propriété de leurs marques.

On pose souvent cette question : la marque étrangère d'un pays de non réciprocité est-elle nouvelle en France ?

____

(1) Extrait du rapport de M. Férand Giraud. Revue de droit commercial 1885, p. 249 et suiv.

Il faut s'entendre d'abord sur le sens exact du mot nouveauté quand on l'applique à notre matière. Dire qu'une marque doit être nouvelle n'implique pas que les signes qui la composent doivent être dus à l'invention de celui qui l'emploie. Il suffit qu'elle ne puisse être confondue avec d'autres marques (*déposées ou non*) actuellement en usage dans le même genre le commerce ou l'industrie. Une marque autrefois employée et abandonnée par son propriétaire pourra faire l'objet d'un nouveau dépôt valable au profit d'un tiers, pourvu qu'il n'existe plus aucune chance de confusion. En réalité, c'est peut-être par suite d'un abus de mot, d'une importation irréfléchie de la matière des brevets d'invention dans celle des marques, qu'on parle ici de nouveauté ; il suffirait de dire que la marque doit se distinguer de toutes celles dont la contrefaçon est punie, et de celles qui sont dans le domaine public. Dès lors, on le voit, notre question revient à celle-ci : (puisque nous avons démontré que le domaine public n'était pas investi des marques dont nous parlons) : l'emploi d'une marque étrangère d'un pays de non réciprocité est-il licite en France ? Nous avons déjà répondu, à cette question ainsi posée en accordant au propriétaire de la marque étrangère l'action de l'article 1382 du Code civil. Si l'on tient à parler ici de nouveauté nous dirons donc que la marque étrangère n'est pas nouvelle en France.

La plupart des auteurs se prononcent cependant

pour la solution contraire (1) M. Pouillet (*Marques de fabrique* n° 24) ne recule pas devant les conséquences extrêmes de cette opinion : il admet que l'étranger propriétaire de la marque pourra se voir interdire l'importation en France de ses produits par celui qui, de bonne foi, aura employé cette marque sur notre territoire.

La base de l'argumentation des auteurs repose sur l'impossibilité pour le commerçant français de s'assurer si la marque qu'il veut prendre est ou n'est pas employée à l'étranger. Ce raisonnement serait exact si la loi française avait admis le système du dépôt attributif de propriété qui assure la sécurité de ceux qui emploient une marque non enregistrée. Mais le dépôt étant chez nous déclaratif, il n'y a pas de moyen légal de constater si une marque est où n'est pas protégée par la loi. Pour être nouvelle la marque doit non seulement différer des marques déposées mais encore de toutes les marques employées. Cela ne fait pas de doute quand la question se pose entre marques françaises. Nous pensons que les marques étrangères d'un pays de non réciprocité sont dans la même situation que nos marques nationales non enregistrées, nous devons donc admettre qu'elles ne sont pas nouvelles en France.

D'ailleurs, puisque le propriétaire étranger n'a, contre l'emploi de sa marque dans notre pays, d'autre arme

____

(1) Pouillet *Marques de fabrique* n° 24 ; Rendu, *Code de la Propriété industrielle, Marques de fabrique* n° 29. Pataille *Annales de la propriété industrielle* (68, 174) Bozériam *Consultation pour Peter Larwson* n° 1302.

que l'article 1382 du code civil, le Français qui, de bonne
foi, aura employé cette marque, n'aura pas à craindre
ses poursuites. Ce Français ne sera donc pas dans une
aussi mauvaise situation que le donnent à entendre les
auteurs que nous combattons. Il est vrai que, si l'on
admet d'une façon absolue que la marque n'est pas
nouvelle, les contrefacteurs français pourront opposer
à celui qui s'est, de bonne foi, servi le premier de cette
marque dans notre pays la nullité du dépôt résultant
de l'antériorité d'usage à l'étranger et cela, même dans
le cas où le propriétaire étranger ne se plaindrait pas ;
mais alors la preuve de cette antériorité sera bien
difficile à faire, ou bien, si elle est faite facilement,
la bonne foi du demandeur deviendra très-problémati-
que ou sa négligence peu digne de pitié : ne pouvait-il
pas, en effet, avant de prendre la marque de l'étranger,
recueillir lui-même les documents que le défenseur lui
oppose. Enfin il est à présumer que ce moyen de
défense tentera peu les contrefacteurs puisqu'il attirerait sur eux la poursuite de l'étranger et les priverait
dans cette poursuite de tout recours à l'exception de
bonne foi.

§ 2. — Législations étrangères.

On peut diviser les législations étrangères en trois
catégories :

1° Celles qui accordent aux étrangers le même traitement qu'aux nationaux sans aucune condition de réciprocité.

2° Celles qui, comme la loi française, subordonnent cet avantage à la condition de réciprocité diplomatique ou législative.

3° Celles qui ne se contentent que de la réciprocité diplomatique.

I. Dans la première catégorie nous trouvons d'abord la Grande-Bretagne.

Avant 1862 la législation britannique ne contenait aucune disposition spéciale sur les marques ; la jurisprudence, uniquement guidée par les principes du droit naturel, se montrait cependant très-libérale à l'égard des étrangers, et leur permettait de poursuivre les contrefacteurs sans aucune condition de réciprocité (1) L'act du 7 août 1862, premier texte législatif sur notre matière, consacra les principes posés par cette jurisprudence. Aujourd'hui la loi fondamentale est celle du 25 août 1883 (2). Son article 62 est ainsi conçu : « Sur « la demande faite par une personne en son nom « pour revendiquer la propriété d'une marque de com- « merce le contrôleur peut enregistrer cette marque » (3)

---

(1) Voir sur cette jurisprudence Pataille : (1855 p. 97. et 1857 p. 298. C. de chancellerie 11 juin 1857.)

(2) Cette loi porte sur les principales matières de la propriété industrielle ; elle est institulée : Loi sur les brevets, dessins et marques de commerce. Elle abroge entre autres une loi du 13 août 1875 qui règlementait l'enregistrement des marques.

(3) V. traduction de la loi ; Pataille 1884, p. 5°

La loi de 1862 ne figurant pas parmi les dispositions législatives abrogées en 1883, la définition qu'elle donnait du mot « personne » doit encore être appliquée sous l'empire de la nouvelle règlementation. Cette définition, contenue dans l'article premier, était la suivante :

« ...... le mot *personne* comprendra toute personne,
« soit sujet de sa Majesté ou non, et toute corporation
« ou corps de même nature, qu'il soit constitué con-
« formément à la loi de ce pays ou de toutes colonies
« ou possessions de sa Majesté, ou conformément à
« la loi de tout pays étranger, et aussi toute compa-
« gnie, association ou société de personnes, soit que les
« membres en soient sujets de sa Majesté ou non... et soit
« que ces corporations, ces corps de même nature com-
« pagnie association ou société soient établis ou
« exploitent dans les possessions de sa Majesté ou
« ailleurs... »

Ainsi, Anglais et étrangers sont mis sur le même pied, sans distinction de nationalité et sans égard à la situation de leurs établissements.

— L'Italie a suivi l'Angleterre dans cette voie libérale.

L'article 1er de la loi du 30 août 1868 permet d'invoquer le bénéfice de la loi à « quiconque » adopte une marque, et l'article 4 dit expressément : « Les marques
« ou signes distinctifs déjà employés à l'étranger sur
« les produits ou marchandises de fabricants étrangers
« qui importeraient dans l'État, ou sur les animaux de ces
« étrangers importés dans le royaume, sont reconnus et

« garantis pourvus qu'ils observent à l'égard des mar-
« ques les prescriptions nationales. (1) »

Cette décision n'est, du reste, qu'une application spéciale du principe général posé par le code italien au
sujet des droits des étrangers en Italie (2)

La loi sarde du 12 mars 1855 était moins généreuse à
l'égard des étrangers, sans toutefois se montrer aussi
rigoureuse que notre loi française. En effet, l'article 12
de cette loi accordait la protection nationale aux marques des étrangers établis dans le royaume sans
restreindre cette protection aux produits des établissements regnicoles.

— Jusqu'en 1880 la législation des Pays-Bas sur les
marques se composaient des articles 16 à 18 de la loi
française du 22 germinal an XI et de l'arrêté de Nivôse
an IX (3) sanctionnés par les dispositions répressives
des articles 142 et 143 du Code pénal. L'enregistrement
n'était pas organisé, aucune disposition ne s'occupait
des marques étrangères, la législation en était encore
aux principes insuffisamment protecteurs dont la loi
de 1857 combla les lacunes en France. (4) En 1879 le
gouvernement hollandais présenta un projet d'où sor-

(1) V. Pataille 1880 p 289. Traduction de M. de Maillard de Marafy.

(2) Article 3 du code civil italien : « L'étranger est admis à jouir des droits civils attribués aux citoyens. » Cft. observations de M. Indelli à la conférence internationale de 1880 ; procès-verbaux de la conférence page 31.

(3) Cft. *Journal de droit international privé* 1881 p. 134. Article de M. J L. Stern.

(4) Cft. en outre le décret au 5 septembre 1810 pour quincaillerie et la bijouterie et celui du 25 décembre 1818 relatif aux fabriques de pipes.

tit la loi du 25 mai 1880. Elle est très libérale en ce qui concerne les étrangers. L'article premier reconnait à tous les propriétaires de marque le droit d'obtenir protection en Hollande sans condition de domicile ou d'établissement dans le pays. Cette disposition ne fut pas admise sans opposition. Certains voulaient inscrire dans la loi le principe de la réciprocité. On repoussa cette idée en répondant qu'une loi sur les marques ne doit pas avoir uniquement pour but de protéger le travail national, mais aussi de garantir tout individu contre les fraudes et de donner aux intéressés le moyen de les réprimer. Cette conception juste et large du but à atteindre devait conduire à supprimer toute distinction entre les marques étrangères et les marques hollandaises. (1)

— Le Canada possède une législation spéciale sur les marques, la loi du 1er mai 1879. L'article 38 de cette loi déclare qu'un act du 14 juin 1872 n'est pas abrogé. Or l'article premier de ce dernier act donnait du mot « personne » la définition contenue dans la loi anglaise de 1862 et que nous avons rapportée plus haut. Les étrangers jouissent donc au Canada de tous les droits reconnus aux Canadiens par la loi de 1879.

— La loi chilienne du 12 novembre 1874 porte à son article premier. « Il est établi un registre spécial pour

____

(1) Un décret spécial aux Indes Néerlandaises du 6 avril 1885 est aussi applicable aux étrangers sans conditions restrictives.

« l'inscription des marques de fabrique ou de commerce
« nationales ou *étrangères*. » (1)

Aucune restriction tirée soit de la nationalité du propriétaire, soit de la situation des établissements : l'article 2 ajoute en effet « Sont marques de fabrique celles
« qui sont posées sur des articles travaillés ou fabriqués
« *au Chili ou à l'étranger* par des industriels ou des
« agriculteurs, et marques de commerce celles que le
« commerçant adopte pour les articles qu'il vend. »

— Au Japon, la loi du 7 juin 1884 accorde sa protection à « quiconque » veut obtenir la propriété d'une marque. (art. 2.) Nous croyons donc pouvoir ranger la législation japonaise parmi les plus libérales en ce qui concerne les étrangers, puisqu'elle confère à tous sans restriction le droit d'opérer le dépôt.

— La loi argentine du 19 août 1876 s'applique aussi sans condition de résidence ou de réciprocité aux étrangers. L'article 42 de cette loi porte en effet : « Les mar-
« ques étrangères, pour bénéficier des garanties accor-
« dées par la présente loi, doivent être enregistrées
« conformément aux dispositions mentionnées. »

— Même solution est donnée par la loi de l'Uruguay du 1er mars 1877.

II. — Parmi les pays qui ont adopté à l'égard des étrangers un système analogue à celui de la loi française nous citerons d'abord l'Allemagne.

(1) V. la traduction de la loi : (Pataille 1886, p . 321).

La loi générale sur les marques est du 30 novembre 1874.

Avant la promulgation de cette loi, exécutoire à partir du 1er janvier 1875, la propriété des marques n'était réglementée que dans un très-petit nombre des États qui forment l'empire allemand. Une loi bavaroise du 21 décembre 1862 avait bien reconnu la jouissance d'un droit exclusif à ceux qui faisaient devant l'autorité compétente une déclaration indiquant qu'ils entendaient se servir de telle ou telle marque, et prononcé des peines contre les contrefacteurs de ces marques, mais cette loi était considérée comme abrogée depuis l'époque où le Code pénal prussien était devenu applicable à la Bavière (1872).

En Westphalie et dans la Prusse rhénane, une ordonnance du 18 août 1847 et une loi du 24 avril 1854 avaient établi des règles spéciales pour les marques des fers et des aciers.

En Wurtemberg, un règlement général sur l'industrie du 5 août 1836 obligeait les industriels à apposer sur leurs produits une marque contenant leurs noms ou leurs armoiries.

La contrefaçon était punie des mêmes peines que le faux. L'enregistrement n'était pas organisé.

En Alsace-Lorraine la loi française de 1857 était restée applicable.

Dans les autres États de l'empire, aucune disposition spéciale ne réglementait la propriété des marques. La plupart des législations particulières se bornaient à punir la contrefaçon. (Saxe, Hanovre, Nassau etc.) et n'édictaient aucune disposition quant à l'enregistrement. Dans les villes hanséatiques, la contrefaçon des marques emblématiques n'était même pas réprimée. L'article 269 du Code pénal prussien, devenu loi d'empire, ne prévoyait et ne punissait que la contrefaçon des noms et des raisons de commerce (1).

Un tel état de choses ne pouvait durer ; le Reichstag émit le vœu (dans la séance du 20 mai 1873), qu'une loi fût faite pour réprimer les fraudes sur les marques emblématiques, et, le 30 novembre 1874, la nouvelle loi fut promulgée.

L'article 13 de cette loi déclare que ses dispositions s'appliquent à tous les producteurs et commerçants établis en Allemagne. D'après l'article 20, la protection est encore accordée « aux marques de fabrique des indus-
« triels qui ne possédent point d'établissement en Alle-
« magne, ainsi qu'aux noms et raisons commerciales des
« producteurs et commerçants étrangers, lorsqu'il sera
« établi par un avis inséré au bulletin des lois de l'Em-
« pire que dans les pays où se trouvent leurs établisse-
« ments les marques de fabrique ou raisons de com-
« merce allemandes jouissent de la protection légale. »

Comme on le voit, c'est le même système que celui de la loi française. Toutefois la loi allemande n'étend sa protection aux nationaux d'un pays de réciprocité

(1) *V. Ann. de législ. étrangère* 1874 p. 140. Article de M. Lyon Caen.

légale qu'après constatation de cette réciprocité par un avis officiel. Cette disposition a pour but d'empêcher que, sous couleur de réciprocité, les Allemands échangent une protection réelle contre une protection illusoire. Le gouvernement reste ainsi juge de cette question : le bénéfice de la loi étrangère vaut-il la protection offerte en Allemagne ?

La promulgation de la loi de 1874 a eu pour effet d'abolir toutes les lois et règlements sur la matière dans chacun des États de l'Empire. En Alsace-Lorraine, notamment, la loi de 1857 a cessé de s'appliquer.

La loi sur les marques, étant loi d'Empire, fait disparaître toutes les dispositions des lois de chaque État particulier pour ce qui concerne la matière qu'elle règle. Celles-ci ne sauraient plus même être invoquées pour combler les lacunes qu'elle présenterait (1)

(1) Cette solution a été admise par le Reichsgericht dans un arrêt du 2 juillet 1886. — L'ancienne manufacture française des tabacs de Strasbourg employait, depuis l'abolition du monopole en Alsace, une marque de fabrique représentant une main noire. D'après la loi allemande le dépôt n'est valable que pour dix ans. La manufacture avait fait enregistrer sa marque le 26 septembre 1875 et n'avait pas procédé à un nouveau dépôt le 26 septembre 1885. En conséquence ce dépôt fut radié (art. 5, 3° de la loi). Deux jours après cette dernière date, une maison rivale déposa, en son nom, la marque représentant la main noire. La manufacture de Strasbourg se hâta alors d'opérer le dépôt retardé et attaqua son concurrent peu scrupuleux en nullité de son dépôt. Elle se fondait sur l'article 1382 du Code civil interprété d'après la jurisprudence française en matière de concurrence déloyale. Le tribunal de Strasbourg (31 octobre 1885) admit cette prétention et condamna les défendeurs à provoquer la radiation du dépôt effectué par eux le 28 septembre 1885; mais la Cour de Colmar réforma cette décision par un arrêt du 3 février 1886 qui fut confirmé à Leipsig, à la date que nous avons indiquée. Il ressort de ces décisions que le dépôt, d'après la loi allemande, constitue un droit absolu pour la partie la plus diligente, et que les principes de la concurrence déloyale ne peuvent être

— La première loi fédérale suisse sur les marques est du 19 décembre 1879. D'après l'article 7 de cette loi sont autorisés à faire enregistrer leurs marques :

« 1° Les industriels ayant le siège de leur fabrication « ou production en Suisse et les commerçants qui y pos-« sèdent une maison de commerce régulièrement établie.

« 2° Les industriels et les commerçants établis dans « des États qui accordent aux Suisses la réciprocité de « traitement, pourvu que ces industriels et commerçants « fournissent en outre la preuve que, soit leurs marques, « soit leur raison de commerce, sont suffisamment « protégés au lieu de leur établissement. »

Quelques difficultés s'élevèrent dans les premiers temps de l'application de la loi, par suite des termes dans lesquels le règlement d'exécution parlait de l'enregistrement des marques étrangères. L'article 4 de ce règlement ne visait en effet que les étrangers appartenant à un pays lié avec la Suisse par une convention de réciprocité. S'appuyant sur ce texte, le chef du département du commerce et de l'agriculture refusait aux étrangers des pays de réciprocité purement législative le droit d'opérer le dépôt en Suisse. Plus tard le Conseil fédéral se contenta de cette dernière réciprocité, et les Suédois, notamment, purent faire enregistrer leurs marques en Suisse bien qu'il n'existât aucun traité avec leur pays (1). (Feuille officielle du 11 juin 1881).

invoqués en matière de marques pour garantir un droit que la loi de 1874 ne reconnaît pas.

(1) V. J. de 5. Int. privé 1883 p. 585 article de M. Koenig.

— La loi danoise du 2 juillet 1880, d'après son article second, accorde sa protection à « quiconque se livre en « Danemark à la fabrication ou au commerce, » sans distinction de nationalité, et l'article 19 dispose que par ordonnance royale le bénéfice de la loi pourra être étendu aux étrangers établis hors du Danemark « à condition de réciprocité ». Cette expression de réciprocité sans épithète nous donne à penser qu'il s'agit de la réciprocité législative aussi bien que de la réciprocité diplomatique.

— La loi suédoise du 5 juillet 1884, (art. 16) et la loi norvégienne du 26 mai de la même année (art. 15) ont adopté un système analogue de tous points à celui de la loi danoise.

— En Portugal la loi du 4 juin 1883 (art. 28) reconnaît formellement aux étrangers établis dans le pays le droit de faire enregistrer leurs marques et de jouir des dispositions protectrices de la loi au même titre que les nationaux. L'article 29 est ainsi conçu : « les étrangers « qui exerceront hors du Portugal leur industrie ou leur « commerce, jouiront en Portugal des droits et garanties « accordés par la législation de leur pays aux sujets por- « tugais ». C'est donc bien la réciprocité législative qui suffit à fonder le droit de l'étranger. Remarquons toutefois une différence sensible entre la théorie de la loi portugaise et notre système français. D'après la loi française les Français établis en pays étrangers sont traités en France comme les habitants du pays de leur établissement. En Portugal, au contraire, la loi nationale suit le Portugais à l'étranger, elle n'est pas purement territoriale comme chez nous. Nous ne pouvons qu'approuver cette solution de la loi de 1883 : quoique établi à l'étranger, un commerçant ou industriel conserve toujours avec son pays d'origine certaines relations naturelles qui ne peuvent que profiter à l'industrie et au commerce de sa patrie, et empêchent de le confondre avec les étrangers, même quand on se place, pour accorder le bénéfice de la loi sur les marques, au seul point de vue de l'intérêt national.

— Aux États-Unis la contrefaçon des marques a depuis longtemps été réprimée, sans que la nationalité de la partie lésée ait jamais constitué une excuse pour la fraude.

Dès 1844 la *Court of Chancery* de l'État de New-York rendait une décision confirmée par la plus haute Cour du même État et qui proclamait que : « Le fait « que les demadeurs sont sujets d'un gouvernement « étranger et que le défenseur est un citoyen des États- « Unis, ainsi qu'il est allégué dans la défense, ne peut « pas modifier les droits des parties, ni priver les deman- « deurs d'une décision favorable, si leurs droits ont été « violés par le défendeur » (Taylor c. Carpenter, Paige, vol. II p. 292). La même année le juge Story de la Cour suprême des États-Unis exprimait clairement la même opinion : « Dans un procès pour contrefaçon d'une mar- « que de fabrique, le fait que les demandeurs sont

« étrangers est sans aucune importance devant les tri-
« bunaux des États-Unis. » (*Cour de vircuit des États-
Unis* District de Massachusetts, 1844, 3, Story, 458). (1)

Les procès en contrefaçon étaient portés devant les
Cours d'équité, institution importée de la Grande-Bretagne, et qui permet de rendre justice à ceux qui ont été
lésés, dans les cas où la loi stricte ne présente pas un
recours suffisant. — La loi permettait bien au commerçant ou à l'industriel victime de la contrefaçon d'obtenir du fraudeur des dommages-intérêts en prouvant le
préjudice causé par la fraude ; mais, jusqu'au moment,
souvent fort éloigné, où le procès entamé aboutissait
à la condamnation, la contrefaçon pouvait se produire
impunément et procurer à ses auteurs de grands bénéfices. De plus, après des mois et des années passés pour
obtenir satisfaction au moyen d'une procédure coûteuse,
les propriétaires de marques se trouvaient souvent
dans l'impossibilité de faire exécuter le jugement
obtenu, parce que leurs adversaires avaient disparu ou
mis leur fortune à l'abri des mesures d'exécution en la
plaçant entre les mains d'un tiers.

Avec les cours d'équité, une partie des inconvénients
de ce système est évitée. Dès le début de l'instance,
aussitôt que la prétention des demandeurs parait

(1) Voir pour tout ce qui concerne le régime des marques aux États-
Unis le *Journal de droit international privé* de 1879 p. 415 et suiv. (Article
de M. Coudert suivi d'un article de M. Clunet à propos de la constitutionnalité de la loi de 1870 et des consultations sur le même sujet de MM. Ch.
Lyon Caen, Kelly, Huard, et Pouillet.)

admissible, défense est faite aux contrefacteurs de continuer leur trafic.

Cette injonction du tribunal d'équité arrête alors le préjudice causé par la fraude. Une fois le procès terminé, l'injonction continue à produire ses effets si les droits des demandeurs sont reconnus, et des dommages-intérets leur sont alloués.

Malgré ce système protecteur de la loyauté des transactions, la contrefaçon, provoquée par l'appât des bénéfices considérables qu'elle procurait, causait de sérieux dommages aux propriétaires de marques. Aussi quelques États de l'Union cherchèrent-ils à punir le contrefacteur autrement que par voie civile. Une loi de 1863 de l'État de New-York frappait d'une amende assez forte et d'un emprisonnement de 6 à 12 mois la contrefaçon des marques, la vente et la détention frauduleuse de produits contrefaits (1) § 59, 60, 61, 62, Revised Statute of New-York, Bank et Brothers, Vol. III p. 949).

Malgré tout, les fraudes continuèrent, fréquentes et fructueuses pour leurs auteurs ; aussi le commerce américain fut-il heureux de voir le Congrès s'occuper enfin de la question.

La loi du 8 juillet 1870, qui sortit des délibérations

---

(1) Dans les États de l'Ohio, de Nébraska, du Michigan, du Maine, du Massachusetts et du Dakota la contrefaçon est punie de l'amende et de l'emprisonnement. Dans la Californie, l'Orégon, le Missouri et l'État de Névada, la loi ne fournit au déposant d'autres moyens de garantie qu'une action en dommages-intérêts.

du Congrès, fut la première loi fédérale sur notre sujet.
Elle avait été rendue presque indispensable par la conclusion entre la France et les États-Unis (16 avril 1869)
d'un traité par lequel les deux parties contractantes s'en-
gageaient à reconnaître la validité sur tous leurs territoires des marques des deux pays, aussitôt qu'elles seraient
enregistrées soit à Paris, au greffe du tribunal de commerce de la Seine, soit à Washington au Patent office, suivant la nationalité des déposants. Pareils traités avaient
été conclus et mêmes obligations contractées avec la
Belgique et avec la Russie.

La loi du 8 juillet 1870 fut complétée par une autre
loi du 14 août 1876, qui constitua avec elle la réglementation fédérale des marques. Cette réglementation com-
mençait à produire ses effets, tant au point de vue national qu'au point de vue des marques étrangères appelées
à bénéficier de la loi (1), quand la Cour suprême des
Etats-Unis déclara inconstitutionnelles les deux lois
de 1870 et de 1876. Cette décision, rendue le 18 novembre 1879, eut pour effet de renvoyer impunis quatre
contrefacteurs dont un était poursuivi à la requête d'un
Français fabricant de vins de Champagne. (Le traité
de 1869 permettait à nos nationaux d'invoquer la protection de la loi américaine).

Pour comprendre cette solution de la Cour suprême,

(1) 8000 marques avaient été déposées au Patent-Office.
(2) Etats-Unis, C. Stettens. — Etats-Unis, C. Vittemann. — Etats-Unis
C. Johnson et autres. Voir le texte de l'arrêt dans le numéro du 6 décembre 1879 de l'*Albany Caw. Journal* p. 447.

il faut se rappeler que, d'après la Constitution des Etats-Unis, le Congrès ne peut légiférer que sur les matières énumérées limitativement dans le pacte d'Union. Tout acte du Congrès sur d'autres objets constitue un empiétement sur les attributions des législations particulières, un excès de pouvoir constitutionnel. Les demandeurs, dans les affaires sur lesquelles la Cour suprême eut à statuer, avaient soutenu la constitutionnalité de la loi en se basant sur l'article premier § 8 de la Constitution, par lequel le Congrès est autorisé à « encourager les progrès des sciences et des arts utiles « en assurant aux auteurs et inventeurs, pour des « délais déterminés, la propriété de leurs œuvres et de « leurs découvertes ou inventions » et sur le troisième alinéa du même paragraphe ainsi concu : « Le Congrès « aura le pouvoir de réglementer le commerce avec les « nations étrangères, entre les divers États de l'Union, « et, en outre, avec les tribus indiennes. »

Le titre même de la loi de 1870 semblait donner un appui à leurs prétentions tirées du premier de ces textes, puisque il était ainsi libellé : « Loi révisant..... les lois « antérieures sur les brevets d'invention et les droits « d'auteurs (copyright). Quoi qu'il en soit, la Cour suprême, dans les arrêts dont nous avons parlé, rejeta ce système, en disant que les marques n'étaient ni des inventions ni des œuvres de l'esprit.

Quant à l'argument tiré du second texte, elle le repoussa en disant que le passage de la Constitution donnait bien au Congrès le droit de s'occuper du commerce, mais seulement dans les rapports entre les États-Unis et les autres nations ou les tribus indiennes, et dans les relations entre les États de l'Union. Or les lois en question ne se bornaient pas à statuer dans ces hypothèses, elles posaient en outre des règles qui devaient être suivies dans les procès entre les citoyens d'un même État. Une loi ne pouvant être déclarée constitutionnelle pour partie et inconstitutionnelle pour une autre partie, l'excès de pouvoir commis sur un point par le Congrès devait entraîner la caducité de son œuvre toute entière.

La Cour suprême, en rendant ces décisions, déclarait qu'elles « laissaient intacte dans son intégrité la question « des pouvoirs qu'a le gouvernement central de conclure « des traités concernant les marques de fabrique, et des « devoirs qu'a le Congrès de passer toutes les lois nécessaires pour mettre ces traités à exécution. » (1) C'était inviter les législateurs fédéraux à reprendre l'étude des marques pour en réglementer l'emploi en se conformant cette fois à la lettre de la Constitution, c'est-à-dire en laissant de côté tout ce qui avait trait aux contesta-

---

(1) Après la déclaration d'inconstitutionnalité, les marques françaises étaient-elles encore protégées aux États-Unis ? La question n'a plus qu'un intérêt purement historique ; pour ne pas charger outre mesure ce chapitre déjà long, nous nous contenterons de renvoyer sur ce point à l'étude de M. Clunet. (J. D. I. P. 1879 p. 442). Du reste nous reviendrons sur ces questions quand nous parlerons, dans notre seconde partie, des événements qui peuvent mettre fin avant le terme fixé aux arrangements internationaux.

tions entre citoyens d'un même État pour faits de commerce intérieur.

S'inspirant des décisions de la Cour suprême, le Congrès se mit à l'œuvre, et, le 3 mars 1881, une nouvelle loi venait mettre fin aux difficultés qu'avait amenées la déclaration d'inconstitutionnalité. L'article premier de cette loi est conçu dans des termes qui ne laissent plus place aux critiques sous lesquelles avait succombé sa devancière. Il dit expressément : « Les « propriétaires de marques de fabrique et de commerce « en usage dans les *relations avec des nations étran-* « *gères ou avec les tribus indiennes,* peuvent faire enre- « gistrer ces marques en remplissant les formalités « suivantes, pourvu qu'ils soient *domiciliés* aux États- « Unis ou qu'ils résident soit dans un pays, soit dans « une tribu dans lesquels, en vertu d'un traité, d'une « convention ou d'une loi, des droits semblables appar- « tiennent aux citoyens des États-Unis. »

Ainsi la loi de 1881 ne permet d'enregistrer que les marques employées dans le commerce international ; en la votant, le Congrès est resté strictement dans les limites des pouvoirs à lui reconnus par le troisième alinéa du n° 8 de l'article premier de la Constitution.

Il ressort de l'article que nous venons de citer que la nouvelle législation de l'Union doit être rangée, au point de vue du traitement applicable aux étrangers, dans la même catégorie que la loi française. En effet, les étrangers peuvent déposer leurs marques au Patent

office soit en cas de réciprocité diplomatique, soit en
cas de réciprocité simplement législative. Remarquons
toutefois que l'article 1er de la loi des États-Unis ne
parle pas, comme l'article 5 de la loi de 1857, des étrangers possédant un établissement dans le pays. Le
domicile dans un État de l'Union est à la fois nécessaire et suffisant (à défaut de toute réciprocité) pour
donner droit au bénéfice de la loi spéciale, et il ne
parait pas que ce bénéfice soit restreint aux produits
des établissements situés sur le territoire américain.

L'ancienne jurisprudence relative à la protection
des marques étrangères, inspirée par un esprit si large
et dégagée de toute considération de réciprocité, n'en
restera pas moins toujours applicable. L'article 10 de
la loi de 1881 ne permet pas d'en douter. Cet article,
en effet, est ainsi conçu : « Aucune disposition de la
« présente loi n'empêchera, ne diminuera, ne préviendra,
« ne supprimera les droits fondés sur la loi ou sur l'é-
« quité dont toute partie lésée aurait joui si la présente
« loi n'avait pas été faite. »

Les étrangers non domiciliés aux États-Unis conti-
nueront donc, indépendamment de toute condition de
réciprocité, à obtenir des tribunaux américains des
dommages-intérêts pour violation de leurs droits sur
les marques. A leur égard rien n'est innové à la situation qui leur était reconnue avant la loi de 1881.
Cette loi ne prononçant contre les usurpateurs d'autre
peine que la réparation du préjudice au moyen de

dommages-intérêts, le seul avantage réfusé aux étrangers dont nous parlons par l'article premier est donc celui d'opérer le dépôt et de se procurer ainsi un certificat de possession destiné à faire la preuve de l'antériorité de leurs droits. Ainsi, pour ces étrangers, la loi fédérale est comme si elle n'existait pas, elle ne leur donne aucun droit, mais elle ne leur en ôte aucun non plus.

Cette situation est exactement celle que nous avons reconnue en France aux étrangers qui ne peuvent invoquer ni les articles 5 ou 6 de la loi de 1857 ni l'article 9 de la loi de 1873. L'article 1382 du Code civil, interprété comme nous l'avons fait, remplit chez nous le même rôle que la jurisprudence américaine pour venir en aide à ceux qui ne peuvent bénéficier de la loi spéciale. Cela n'a rien d'étonnant, car l'article 1382 n'est, après tout, que la proclamation du principe le plus élémentaire de droit naturel, et l'on sait que le droit naturel est le guide suprême des tribunaux d'équité aux États-Unis quand ils sont appelés à statuer sur des points que ne règle pas la législation positive.

III. — Dans la troisième catégorie nous rangerons d'abord la législation belge. La loi du 1er avril 1879 a, en effet, adopté à l'égard des étrangers les principes en vigueur en France depuis la loi de 1857 jusqu'à celle de 1873.

Pour les produits de leurs établissements situés en Belgique, les étrangers jouissent donc du bénéfice de la loi des marques ; pour leurs exploitations en dehors du territoire belge, ils sont soumis au même traitement si, dans les pays où elles se trouvent, des conventions diplomatiques assurent la protection des marques belges (art. 6 de la loi de 1879). Les Belges établis à l'étranger sont assimilés aux habitants des pays de leurs établissements.

Lors de la discussion dans la Section centrale, on avait proposé de reconnaître aux étrangers, sans condition de réciprocité, le droit d'opérer le dépôt en Belgique et de jouir des avantages de la loi. On faisait valoir à l'appui de cette proposition les raisons suivantes : la contrefaçon est un vol, et un traité n'est pas nécessaire pour punir le vol commis au préjudice des étrangers. On ajoutait que les consommateurs belges étaient victimes de la fraude quand ils achetaient les produits revêtus d'une marque étrangère usurpée, et qu'il importait de les mettre à l'abri de cette fraude.

Au premier argument on répondit que le projet, en exigeant la réciprocité diplomatique, n'avait eu d'autre but que de faciliter la conclusion de conventions destinées à assurer la protection des marques belges à l'étranger. Si on permettait aux étrangers d'opérer le dépôt en l'absence de tout traité, les autres États n'auraient plus intérêt à négocier avec le gouvernement belge, qui n'aurait rien à leur offrir en échange des avantages qu'il leur demanderait.

Quant au second argument, tiré de l'intérêt des consommateurs, on l'écarta en disant que l'article 498 du

Code pénal les protégeait suffisamment en frappant ceux qui trompent l'acheteur sur la nature et l'origine de la chose vendue.

Devant ces objections la Section centrale repoussa l'amendement proposé. Il fut repris par M. Demeur, lors de la discussion devant la Chambre des représentants, et n'eut pas un meilleur sort.

La Section centrale avait modifié le projet en ce qui concerne les Belges établis à l'étranger. Dans son rapport, présenté par M. Demeur, elle voulait qu'ils ne perdissent pas le droit de faire enregistrer leurs marques en Belgique : « Nonobstant leur établissement en pays « étranger ils sont Belges, disait le rapporteur, et, « comme tels, jouissent en Belgique des droits civils. » On ne peut supposer que les gouvernements étrangers soient amenés à conclure une convention avec la Belgique dans le but de protéger les Belges établis sur leur territoire, dès lors l'argument invoqué tout à l'heure n'avait plus sa raison d'être. De plus, la fondation de maisons belges à l'étranger étend les relations de la Belgique, disait M. Demeur, leur prospérité concourt donc au développement de l'industrie nationale.

Cette argumention n'obtint pas gain de cause devant la Chambre, et l'amendement de la section fut repoussé, grâce surtout à M. Rolin Jacquemyns qui fit craindre la fraude consistant pour un étranger à faire déposer sa marque par un représentant belge et à s'assurer ainsi la protection en Belgique en l'absence de traité de réciprocité.

Nous avons vu que la loi Portugaise avait adopté le système proposé par la Section centrale en Belgique, et nous avons approuvé cette décision.

— La loi du Luxembourg en date du 28 mars 1883 a adopté, à l'égard des étrangers, des principes identiques à ceux de la loi belge (art. 9).

— L'article 6 de la loi autrichienne du 7 décembre 1858 indique quels droits confère la propriété d'une marque ; il considère comme étant capable d'exercer ces droits « tous industriels ou producteurs indigènes » sans faire de distinction entre les nationalités.

Il ne parait pas que la réciprocité légale soit jugée suffisante pour fonder les droits des étrangers (1).

— En Hongrie la falsification des marques est punie par les articles 412 et 413 du Code pénal promulgué le 29 mai 1878. Quant aux étrangers, leurs marques enregistrées dans une des deux parties de l'empire austro-hongrois en vertu d'un traité de réciprocité sont protégées dans l'autre.

— En Espagne, d'après un règlement du 30 janvier 1832 la marque est obligatoire pour les fabriques de draps, facultative dans toutes les autres industries.

L'article 217 du code pénal punit de l'emprisonnement et d'une amende de 50 à 500 ducats « l'imitation

(1) On reconnait la nécessité de réformer la loi de 1858, et un projet a été déposé dans ce but en 1881 par le professeur Exner.

« frauduleuse des sceaux marques et contre-seings
« adoptés par les établissements de commerce et
« d'industrie. »

Pour pouvoir invoquer cet article il n'est pas nécessaire d'être Espagnol, il suffit d'être établi en Espagne
et d'avoir rempli les formalités prescrites par un décret
du 20 novembre 1856.

Quant aux étrangers établis hors du royaume, aucune
disposition légale ne leur assure le bénéfice des lois
espagnoles sur les marques, mais des traités ont été
conclus avec les divers gouvernements pour obtenir ce
résultat (1).

— En Russie, la loi qui punit la contrefaçon des marques est l'article 78 du XI⁰ volume des lois (Règlement
sur l'industrie des usines et des fabriques) qui renvoie
pour l'application des peines à l'article 1354 du Code
pénal et à l'article 33, troisième degré, du même Code (1).

____

(1) Un décret réglementaire du 3 novembre 1885 assure la protection
des marques aux Iles Philippines. Ce règlement est applicable aux étrangers établis dans les îles pour les articles qu'ils y produisent (art 10).
L'article 11 donne à entendre que la réciprocité légale, à défaut de traité,
suffirait pour assurer aux étrangers établis hors des territoires espagnols
le bénéfice des dispositions du décret. Quant aux étrangers établis 'en
Espagne, il semble qu'on peut les assimiler aux Espagnols par argument
a contrario tiré de l'article 11 du décret rapproché des principes admis en
Espagne même à leur égard. Voici, du reste, le texte de cet article 11 : « Les
« étrangers résidant hors d'Espagne jouiront des droits qui leur sont con-
« cédés par les traités conclus avec les nations auxquelles ils appartien-
« nent respectivement. S'il n'y a point de traité on observera strictement
« le droit de réciprocité. »

(2) V. sur la législation russe une communication de M. Emile di Piétro
au Congrès international de la propriété industrielle de 1878. Annexe 35
du compte rendu p. 618.

Il résulte de la combinaison de ces différents textes que la contrefaçon des marques apposées avec autorisation du gouvernement et après déclaration au ministère des finances (département du commerce et des manufactures) est punie de la privation de tous droits et privilèges personnels afférant à la condition du coupable, et de l'internement dans un des gouvernements éloignés, ceux de Sibérie exceptés.

Les marques non déclarées ne sont aucunement protégées (arrêt de la Cour criminelle de cassation, art. 914 de l'année 1870. Affaire Mikhaïloff).

Quant aux étrangers, ils sont admis au bénéfice des lois quand les Russes jouissent des mêmes avantages dans leur pays d'origine, et ce, en vertu de conventions diplomatiques.

La grande rigueur des lois russes a produit le même effet qu'avait produit chez nous la répression disproportionnée de la contrefaçon d'après les principes du Code pénal : l'impunité des fraudeurs est à peu près assurée en fait. Ainsi, quoique depuis longtemps la France soit liée par une convention de réciprocité avec la Russie, un seul négociant français s'était prévalu jusqu'en 1884 des droits de poursuite que cette convention assure à nos nationaux. Pourtant la contrefaçon est fréquente en Russie, et fait subir des dommages considérables au commerce français. (1)

— La loi roumaine du 14 avril 1879 protège tous les

(1) V. *Journal de droit international privé.* Année 1884 p. 328.

industriels et commerçants établis dans le royaume sans distinction de nationalité (art. 10). Ceux qui exploitent hors du territoire, Roumains ou étrangers, ne sont admis à bénéficier des dispositions de la loi qu'en cas de réciprocité diplomatique.

— La loi serbe du 30 mai (11 juin) 1884 ne contient pas de dispositions spéciales aux étrangers ; son article 35 dit seulement que les traités internationaux conclus avant la promulgation de la loi restent en vigueur nonobstant cette promulgation.

—En Turquie, la loi du 3 juin 1872 ne protège les marques des étrangers que si ceux-ci habitent l'empire ottoman (art 6). Une convention diplomatique est donc nécessaire pour permettre à ceux qui ne sont pas dans ce cas d'obtenir les garanties stipulées par la loi turque.

— Le système admis au Brésil par la loi du 23 octobre 1875 est, de tout point, identique à celui de notre loi de 1857. Les étrangers établis dans l'empire jouissent du bénéfice de la loi spéciale (art. 16). Les étrangers et les Brésiliens établis hors du territoire ne peuvent invoquer la loi de 1875 que si les Brésiliens ont, dans les pays de l'établissement, le droit de faire enregistrer leurs marques d'après une convention diplomatique.

SECTION DEUXIÈME. — *Du nom commercial.*

§ 1er — Législation française.

L'usurpation du nom d'un fabricant ou d'un commerçant, quel que soit le procédé employé pour la commettre, est toujours un acte de concurrence déloyale dont l'auteur doit réparation en vertu de l'article 1382 du Code civil. Quand elle consiste dans l'apposition du nom d'un tiers sur des produits qui ne sortent pas des établissements de ce tiers, elle constitue un délit, et rend son auteur passible de peines correctionnelles en vertu de la loi du 28 juillet 1824.

Il est facile de comprendre que, sous cette forme, l'usurpation devient particulièrement dangereuse et mérite d'être réprimée plus sévèrement. Marquer ses produits du nom d'un concurrent renommé, c'est s'approprier indûment le fruit du travail d'autrui, c'est un vol de réputation commerciale. De plus, dans la plupart des cas, les produits ainsi marqués seront de qualité inférieure à ceux qui ont valu à ce concurrent sa notoriété : répandus sur le marché ils ne tarderont pas à faire partager aux marchandises de bonne qualité revêtues des signes authentiques la défaveur qu'ils auront seuls méritée.

La loi du 25 germinal an XI (art. 17) punissait des peines du faux en écriture privée ceux qui apposaient sur leurs produits le nom d'un concurrent précédé des mots « façon de » ; les termes trop précis par lesquels la fraude était ainsi définie permettaient aux contrefacteurs d'éviter les rigueurs de la loi en employant d'autres expressions, qui remplissaient le même but sans constituer le délit prévu par l'article 17. De plus la peine prononcée était trop sévère, et, dans la plupart des cas, les tribunaux se refusaient à l'appliquer.

La loi de 1824 mit fin à cet état de choses préjudiciable aux intérêts de l'industrie en donnant de la fraude une définition plus large et en proportionnant la peine à la gravité du dommage causé. Elle permit en outre de poursuivre ceux qui usurperaient non pas le nom d'un fabricant, mais même le nom d'une localité renommée. La loi de Germinal avait bien cherché déjà à réprimer cette dernière fraude, mais dans des termes aussi étroits, aussi sévères que pour l'usurpation du nom, et elle avait abouti au même insuccès.

La loi de 1824 se compose de deux articles seulement. Le premier, et de beaucoup le plus important, (l'autre n'étant qu'un article de renvoi), est ainsi conçu : « Quiconque aura soit apposé soit fait apparaître par « addition, retranchement ou par une altération quel- « conque, sur des objets fabriqués, le nom d'un fabri- « cant autre que celui qui en est l'auteur ou la raison « commerciale d'une fabrique autre que celle où lesdits « objets auront été fabriqués, ou enfin le nom d'un lieu « autre que celui de la fabrication, sera puni des pei-

« nes portées en l'article 423 du Code pénal sans pré-
« judice des dommages-intérêts s'il y a lieu. — Tout
« marchand commissionnaire ou débitant quelconque
« sera passible des effets de la poursuite lorsqu'il aura
« sciemment exposé en vente ou mis en circulation les
« objets marqués de noms supposés ou altérés. »

Comme on le voit la loi ne prévoit expressément que
l'usurpation du nom ou de la raison commerciale d'un
fabricant, elle ne vise pas l'usurpation du nom ou de la
raison sociale d'un *commerçant.* Malgré le silence des
textes nos tribunaux ont cru pouvoir appliquer la loi
de 1824 à cette dernière hypothèse. C'est interpréter une
loi pénale avec un oubli des principes que rien ne peut
excuser. Si regrettable que soit la lacune de la loi sur
ce point il n'appartient pas aux tribunaux de la combler :
on ne crée pas un délit par analogie. La jurisprudence
belge s'est montrée plus scrupuleuse interprète en refusant d'appliquer aux *commerçants* l'article 191 du Code
pénal qui reproduit les termes de l'article 1er de notre
loi de 1824, (sauf en ce qui concerne les noms de localités) (1). Selon nous, pour être garanti par une action
correctionnelle en France, le nom d'un *commerçant* doit
avoir été déposé sous une forme distinctive ; mais
alors ce n'est plus la loi de 1824 mais la loi de 1857 qui
s'applique.

____

(1) V. Braun. *Nouveau traité des marques de fabrique et de commerce*
n° 49.

1° Noms de personnes.

Sous l'empire de la loi de 1824 quelle était la situation juridique des étrangers au point de vue du nom commercial ? Les mêmes discussions qui s'élevèrent avant 1857 au sujet du droit qu'on devait leur reconnaître sur leurs marques divisèrent, en cette matière encore, la jurisprudence et la doctrine. Tandis que la plupart des auteurs, considérant que le nom était une véritable propriété, la plus sacrée de toutes, rangeaient le droit dont il est l'objet parmi les facultés de droit des gens et permettaient à l'étranger de le faire respecter par les mêmes moyens que notre loi mettait au service des nationaux, la jurisprudence de la cour de cassation refusait au contraire d'accorder le bénéfice de la loi de 1824 à tous les étrangers non autorisés à résider en France ou dont le pays n'accordait pas par traité aux Français les mêmes avantages qu'ils réclamaient chez nous.

Cette jurisprudence aux vues étroites ne s'établit pas sans résistance de la part des Cours d'appel. La Cour de Paris (20 nov. 1840) avait admis une solution favorable aux étrangers. La cour suprême cassa son arrêt et renvoya l'affaire devant la Cour de Rouen qui, le 20 juin 1842 statua dans le même sens que les magistrats de Paris. Un arrêt de cassation, rendu toutes Chambres réunies, consacra définitivement la doctrine qui refuse aux étrangers le droit de poursuivre les

usurpateurs de leurs noms en vertu de la loi de 1824
(Cass., 12 juillet 1848. J. Pal. 48-2-36). Depuis la
jurisprudence a été fixée dans ce sens (1).

Remarquons que, quand il s'agit du nom patronymique, nos tribunaux reconnaissent aux étrangers le droit
de poursuivre les usurpateurs (Paris, 28 juin 1859,
Sirey, 62-2-25). Comment expliquer ces deux solutions
différentes pour deux hypothèses qui, au premier abord
paraissent identiques. C'est, dit un arrêt de la cour de
Bordeaux, « que l'usurpation, considérée au point de
« vue commercial, constitue moins une usurpation de
« nom proprement dite qu'une usurpation de marque de
« fabrique, et, à ce titre, n'est punissable au profit des
« étrangers que dans les conditions de réciprocité prévues
« par les articles 11 et 13 du Code civil (2). »

D'autres arrêts ont fait valoir cet argument que la
loi de 1824 était une loi de protection pour l'industrie
nationale et ne devait par conséquent pas s'appliquer
aux étrangers (3). Nous croyons que c'était exagérer
l'intention des législateurs de 1824. Il y a dans cette loi
deux objets bien distincts : la protection accordée aux
noms de fabricants et la protection accordée aux lieux
de fabrication. On a pu soutenir avec quelque raison
que la loi n'avait en vue que la protection des localités
françaises ; mais il nous semble impossible de prétendre que le législateur s'était maintenu quant aux noms

(1) V. arrêt de la cour de Paris du 5 juin 1867. Pataille 1867 p. 298.
(2) Bordeaux 20 juin 1853, affaire Kirby Beard J. Pal. 55-2-187.
(3) Cass., Rej. affaire Kirby Beard (12 avril 1854), *Ibidem*.

dans les limites étroites de l'exclusivisme national, après qu'on a lu les premiers mots de l'exposé des motifs : « la réputation des produits fabriqués est *pour* « *le manufacturier* une véritable *propriété* que la loi « garantit. »

Malgré la réprobation qu'inspira la théorie de la jurisprudence, elle a été confirmée par l'article 9 de la loi du 26 novembre 1873. Remarquons cependant que, d'après cet article, la réciprocité légale suffit pour fonder en France le droit de l'étranger sur son nom commercial. Nous n'avons malheureusement pas en cette matière la satisfaction d'appliquer à la règle si rigoureuse de la loi un tempérament analogue à celui que contient l'article 5 de la loi de 1857 sur les marques. Que l'étranger soit établi en France ou qu'il exploite dans son pays, il ne peut dans tous les cas se réclamer de la loi de 1824 qu'en cas de réciprocité. Pourquoi cette différence de règles dans des matières si voisines ? Nul ne saurait en donner un motif rationnel (1).

Quand, à défaut de reciprocité, soit légale soit diplomatique, l'étranger ne peut invoquer la loi de 1824, l'action en concurrence déloyale lui reste-t-elle ouverte contre l'usurpateur de son nom ? Le procureur général Dupin, dans l'affaire qui fit l'objet de l'arrêt de 1848

____

(1) Une proposition de la loi déposée au Sénat par M. Bozérian le 26 mai 1879 sur les noms commerciaux et les récompenses industrielles décide, dans son article premier, que les droits résultant de la propriété du nom seront les mêmes pour les étrangers que pour les Français.

dont nous avons parlé, soutenait que ce dernier moyen de se défendre contre la fraude était lui-même interdit aux étrangers, et la Cour adopta ses conclusions. (1)

Nous croyons qu'une pareille doctrine ne saurait se justifier à aucun point de vue. On est convenu d'appeler pacifique la lutte commerciale que se livrent les peuples sur le marché du monde ; il est pénible de remarquer que cependant la théorie de la Cour de cassation n'exige même pas des adversaires sur ce terrain le minimum de bonne foi que les lois de la guerre imposent aux combattants sur un champ de bataille. Faire concurrence aux commerçants et fabricants étrangers en contrefaisant leurs marques et en usurpant leurs noms, n'est-ce pas quelque chose de comparable au fait d'emprunter l'uniforme de l'ennemi pour le surprendre ? La marque et le nom du fabricant ne sont-ils pas véritablement dans les rapports internationaux les uniformes des produits, les signes de leur nationalité ? Eh bien ! s'il est universellement reconnu aujourd'hui qu'un belligérant manque aux lois de la guerre quand il a recours à une pareille ruse pour tromper son adversaire, osera-t-on soutenir qu'en matière de lutte commerciale on est dispensé de se soumettre à ces principes si élémentaires de bonne foi. M. Dupin disait devant la Cour de cassation que les usurpations de marques et de noms constituaient,

_____

(1) V. aussi un arrêt de la Cour de Paris 5 juin 1887 (Pat. 67. p. 298).

entre commerçants de différents peuples, un *dolus bonus* et il citait les paroles du poëte :

Dolus an virtus quis in hoste requirat ?

C'était remonter bien loin pour trouver un argument et un partisan. Nous n'avons plus, heureusement, les idées aussi larges que les Romains en matière de ruse permise à la guerre ; en tout cas, ce n'est pas à leurs principes sur la guerre qu'il nous faut emprunter nos règles juridiques destinées à gouverner des relations pacifiques.

Nous espérons que nos tribunaux sauraient, en appliquant l'article 1382 du Code civil protéger à l'avenir les étrangers victimes d'usurpations de noms quand ils ne peuvent se réclamer ni de traités formels ni de la réciprocité légale. Plus encore que la propriété de la marque, parce qu'elle ne suppose aucune réglementation positive, la propriété du nom doit être considérée comme un droit naturel, une faculté de droit des gens. Si la loi de 1873 refuse aux étrangers d'un pays de non réciprocité le droit de poursuivre correctionnellement les usurpateurs, il n'en faut pas conclure qu'elle a entendu laisser le champ libre à ces derniers ; la répression sera moins sévère quand les victimes seront étrangères, mais il y aura toujours répression.

2º *Noms de lieux.*

Nous avons vu que la loi de 1824 punissait l'usurpation des noms de lieux de fabrication ; même en l'absence de la loi de 1873 il nous aurait semblé difficile d'appli-

quer cette disposition aux noms des localités étrangères, car les travaux préparatoires nous montrent qu'on
a eu pour but de sauvegarder par elle les centres de
fabrication français dont une concurrence déloyale
menaçait la réputation. Depuis la loi de 1873 le doute
n'est plus possible. L'article 9 de cette loi refuse aux
fabricants étrangers le bénéfice de la loi de 1824 quand
il s'agit de défendre leurs noms patronymiques employés comme marques ; on ne saurait leur accorder l'action
en usurpation pour protéger les noms de lieu qui constituent certainement une propriété plus discutable.
D'ailleurs, dans l'intention du légistateur de 1873, l'expression « nom commercial » de l'article 9 comprend
certainement tous les noms protégés par la loi de 1824
et partant les noms de lieux de fabrication.

Pour les mêmes motifs que nous avons donnés à propos des noms de personnes, nous accorderons aux
étrangers l'action en concurrence déloyale pour emploi
frauduleux des noms de localités. Les tribunaux auront
alors à distinguer avec soin, tâche souvent difficile,
les véritables indications de provenance des mentions
ayant seulement pour but de désigner la nature des
produits ou le genre de fabrication (Exemples : eau de
Cologne, gants de Suède).

— La loi de 1824 a pour objet de punir un double
délit : usurpation du nom et tromperie sur la nature de
la marchandise vendue. Le fabricant a qualité pour

exercer l'action en usurpation, le consommateur pour l'action en tromperie. La loi de 1873 enlève au fabricant étranger l'action en usurpation, supprime-t-elle implicitement l'action du consommateur lésé par l'emploi frauduleux du nom étranger? Nous ne le croyons pas : tout ce qui résulte de l'article 9 de cette loi c'est que la loi de 1824 n'est pas applicable *au profit* des étrangers ; ce serait ajouter à la loi que de priver par voie de conséquence le consommateur français de l'action en tromperie sous prétexte que le fabricant étranger en profiterait indirectement (1).

§ 2. — Législations étrangères

L'usurpation du nom commercial est réprimée dans tous les pays civilisés. Tantôt elle donne lieu seulement à une action en dommages-intérêts comme constituant une concurrence déloyale, tantôt elle rend passibles ses auteurs de peines correctionnelles. Les législations qui édictent une sanction pénale se contentent généralement d'appliquer à cette fraude les dispositions répressives prononcées contre les contrefacteurs de marques. Le nom commercial est alors protégé par un article spécial inséré dans la loi des marques.

En Angleterre de nombreuses décisions judiciaires ont consacré le droit pour l'étranger d'obtenir des dommages-intérêts pour l'usurpation de son nom. Les

(1) Nous rencontrons encore ici une des différences inexplicables des principes admis en matière de noms et en matière de marques. La loi de 1857, en effet, n'accorde pas d'action au consommateur lésé.

mêmes principes libéraux qu'en matière de marques ont toujours guidé la jurisprudence. (Voir notamment un arrêt de la Cour de Chancellerie du 11 juin 1857. Pataille 1857, p. 278) La loi de 1883 sur les marques permet de déposer un nom patronymique ou une raison sociale destinés à être apposés sur des produits ; mais le nom ainsi enregistré doit affecter une forme distinctive; il est alors considéré comme une marque et protégé comme tel.

Les noms de lieu de fabrication sont regardés comme la propriété des fabricants qui possèdent des établissements dans ces lieux. Un arrêt reconnaît même le droit exclusif d'employer le nom d'une localité à celui qui, le premier, y a introduit un genre d'industrie nouveau (Cour suprême de justice, Haute Cour, division de Chancellerie, 12 février 1878. Voir J. D. I. P. 1879, p. 565).

— Aux États-Unis les noms des étrangers sont protégés comme ceux des nationaux par une action en dommages-intérêts, sans aucune condition de réciprocité. C'est une différence avec ce qui se passe pour les marques, pour lesquelles l'enregistrement n'est permis d'après la loi fédérale qu'en cas de réciprocité de traitement. Voir. Pataille 1878 p. 185 C. de circuit des États-Unis 13 et 15 avril 1876.)

— En Italie la loi sur les marques du 30 août 1868, applicable aux étrangers comme aux nationaux, consacre la propriété des noms commerciaux dans son arti-

cle 5 : « Est maintenue la prohibition générale d'usur-
« per le nom ou la signature d'une société ou d'un indi-
« vidu. » Un arrêt de la Cour de cassation de Turin du
3 mars 1880 proclame que la propriété du nom est
chose « sacrée et inviolable en droit naturel » celui
qui usurpe la marque d'un étranger, son nom et le lieu
de fabrication, dit cet arrêt, ne peut arguer de sa bonne
foi (1).

— La Belgique, que nous avons rangée à propos des
marques parmi les pays les moins libéraux à l'égard des
étrangers, leur accorde, au contraire, le bénéfice de sa loi
nationale sur les noms, sans aucune restriction. L'article 191 du Code pénal, voté en 1867, qui punit l'usurpation des noms de personnes, ne contient aucun terme
qui puisse restreindre les droits des étrangers. Aussi les
tribunaux belges leur appliquent-ils cet article même
en l'absence de réciprocité (Cass. belge, 5 juin 1876 et
9 novembre 1876. Appel Bruxelles, 4 février 1880.
Pataille 1881, p. 106). Cette décision est d'autant plus
heureuse que, d'après la Cour de cassation belge, les
traités conclus pour la protection des marques ne peuvent, par extension, s'appliquer aux noms.

La jurisprudence belge a fait une application curieuse
de l'article 191, dans un procès où l'État français était
en cause. Les marques employées par notre administration des contributions indirectes sur les cigarettes

(1) *Journal de droit international privé* 1883, p. 93. Voir aussi un arrêt
de la cour de Milan du 16 mai 1881. Affaire Erla.

avaient été usurpées en Belgique. Ces marques se
composent des mots : « administration des contributions
indirectes » apposés sur les produits. L'État français
poursuivit les contrefacteurs devant le tribunal correctionnel de Bruxelles qui, dans un jugement du 17 août
1875, prononça leur condamnation en vertu de l'article 191 du Code pénal. L'affaire fut portée en appel et
le jugement réformé par arrêt du 8 juillet 1876. Voici, en
résumé, quels étaient les principaux motifs invoqués
par la Cour pour justifier cette décision : l'article 184 du
Code pénal, sur lequel l'administration des contributions indirectes voulait appuyer ses prétentions, et
qui punit la contrefaçon du timbre, du sceau ou de la
marque d'une autorité quelconque, ne vise que les
autorités belges qui seules ont un pouvoir en Belgique.
D'autre part les articles 186 et 188 du même code qui
punissent l'usurpation des timbres et sceaux des États
étrangers, ne doivent s'appliquer que dans les cas où
ces signes sont employés par ces États comme autorités, et non pour désigner les marchandises qu'ils peuvent fabriquer. La mention « administration des contributions indirectes » n'est pas non plus une marque
de fabrique susceptible d'être protégée par les conventions diplomatiques ; elle ne saurait être comprise davantage dans l'expression *nom* employée par l'article 191
du Code pénal ; enfin elle n'est pas une raison commerciale, l'administration des contributions indirectes de
France n'étant pas commerçante.

Pourvoi ayant été introduit contre cette décision, un arrêt de la Cour de cassation décida que, si les magistrats d'appel avaient fait une saine application des articles 184, 186 et 188 du Code pénal et des principes admis en matière de traités sur les marques, en revanche, ils avaient à tort refusé d'appliquer dans l'espèce l'article 191. Cet article, d'après la Cour suprême, peut très-bien comprendre la dénomination sous laquelle un gouvernement étranger exerce le monopole d'un fabricant ou d'un commerçant : « La profession de fabri-
« cant peut être exercée aussi bien par une personne
« morale que par une personne physique et notamment
« par une administration du pays ou de l'étranger.
« L'exercice de cette profession est protégé par la loi
« belge au même titre que l'exercice de toute profession
« par un particulier, par cela seul qu'aucune disposition
« ne met les administrations publiques étrangères hors
« du droit commun. » (26 déc. 1876. Pasicrisie 1877, 1, 54 ; J. D. I. P. 1878 p. 423.)

— La loi argentine des marques contient tout un titre consacré aux noms de fabrique et de commerce ; ils sont protégés sans qu'il soit nécessaire de les faire enregistrer, dit l'article 27, mais il n'est pas permis à une personne d'employer un nom sous lequel un concurrent exploite déjà, sans y introduire une modification capable de prévenir toute confusion (art. 23). L'action en usurpation n'est ouverte que pendant un an. Passé ce délai, toute réclamation est nulle et non avenue (art. 24). Nous avons vu que cette loi est applicable aux étrangers sans exigence de réciprocité.

— Dans les autres pays les noms des étrangers sont protégés aux mêmes conditions que leurs marques et en vertu de la même loi.

En Allemagne la loi d'Empire de 1874, qui, par son article 14, punit l'usurpation du nom des mêmes peines que la contrefaçon des marques, est applicable aux étrangers établis hors de l'Empire en cas de réciprocité légale ou diplomatique (art. 20 de la loi, cité à propos des marques). Quant aux industriels et commerçants qui exploitent sur le territoire allemand, ils doivent, pour obtenir la protection de leur raison de commerce (*firme*) la faire inscrire sur le registre de commerce de leur circonscription. C'est ce qu'exige la loi dite des firmes de 1865. Cette loi n'est pas applicable aux établissements situés à l'étranger.

— La loi suisse des marques (19 déc. 1879) protége les noms et raisons commerciales, même non déposés comme marques sous une forme distinctive (art. 2 et 5). Nous avons vu que cette loi s'appliquait aux étrangers en cas de réciprocité légale ou diplomatique.

— L'usurpation des noms est encore punie par les lois sur les marques de Suède. (art. 1er) de Norwège, (art. 1er) d'Autriche, (art. 6), de Danemarck, (art. 1er) de Portugal (article 5, 2°) applicables aux étrangers dans les mêmes cas que les lois suisse et allemande.

Il en est de même dans les lois roumaine, (art. 6) et turque, applicables aux étrangers seulement en cas de traités. D'après la loi turque (art. 1er), le nom est considéré comme une marque et protégé à ce titre.

CHAPITRE II

1° Loi de 1873.

Nous connaissons maintenant les pays dans lesquels nos marques sont protégées par la loi ; ils sont rares, et leurs législations, pour la plupart, sont de dates très-récentes. Aussi a-t-on cherché à atteindre par des moyens spéciaux les fraudes commises hors de France au préjudice de nos nationaux. Des conventions diplomatiques ont été conclues avec le plus grand nombre des pays civilisés afin d'assurer aux Français le bénéfice des lois étrangères ; mais on a été plus loin : une loi spéciale du 26 novembre 1873 a eu pour but d'étendre, dans une certaine mesure, la compétence de nos tribunaux à l'égard des contrefaçons commises hors de notre territoire, et d'épargner ainsi à nos nationaux lésés les risques et les frais souvent considérables d'une action en justice à l'étranger. En même temps qu'elle étendait cette compétence, la loi frappait les coupables d'une peine plus forte que celle prononcée par la loi de 1857 et bien capable d'intimider les fraudeurs (1).

Il est nécessaire de rappeler qu'aux termes de l'article 5 du Code d'instruction criminelle, article révisé en 1866, celui qui s'est rendu coupable d'un délit à l'étranger ne peut être poursuivi en France que s'il est Français, et si le délit est puni, non seulement par la loi française, mais encore par la loi du pays où il a été commis. Ce principe, appliqué aux délits prévus par la loi de 1857, amenait les conséquences suivantes: jamais la contrefaçon commise par un étranger dans son pays ne pouvait être poursuivie en France ; commise par un Français elle échappait encore à la juridiction de nos tribunaux si la loi du lieu ne protégeait pas les marques françaises en qualifiant délit leur usurpation.

Voici quel moyen on a employé pour venir en aide à nos commerçants et fabricants : en justifiant du dépôt (2) de leurs marques ils peuvent, moyennant paiement d'un droit, obtenir que l'administration appose sur leurs produits ou leurs enveloppes un timbre ou un poinçon destiné à affirmer l'authencité de leur provenance. Ainsi revêtues de l'estampille officielle, les marchandises portent avec elles un certificat

---

(1) Travaux forcés à temps. Article 140 du Code pénal auquel la loi renvoie.

(2) En exigeant la preuve du dépôt (art. 5 du règlement d'administration publique du 25 juin 1874) on a voulu empêcher les contrefacteurs de se procurer la garantie d'authencité. Remarquons pourtant que, le dépôt n'étant pas chez nous attributif, le procès-verbal de dépôt n'est pas une preuve certaine du droit de propriété de la marque.

d'origine française, le timbre ou le poinçon sont en quelque sorte une marque nationale. Si le contrefacteur à l'étranger ne reproduit pas, en même temps que la marque du fabricant, le sceau de l'État français qui fait corps avec elle, le consommateur sera immédiatement mis en défiance sur la provenance réelle des produits, pour peu qu'il soit au courant des habitudes, que la loi de 1873 veut faire prendre aux exportateurs de nos articles. Si, au contraire il pousse l'audace jusqu'à imiter l'estampille officielle, ce n'est plus un délit qu'il commet alors, c'est un crime qui, aux termes de l'article 7 du Code d'instruction criminelle, le rend justiciable des tribunaux français, même s'il est étranger.

Le législateur de 1873 avait espéré que, grâce à ces avantages offerts au commerce national, nos exportateurs s'empresseraient de se procurer le timbrage et le poinçonnage officiels. Si son espoir avait été réalisés le problème tant cherché d'une marque nationale était résolu, et un coup décisif était porté à la contrefaçon étrangère. Mais, à l'idée de protection de la propriété industrielle se mêlait, dans l'esprit des auteurs de la loi, un désir de procurer des ressources au trésor public qui s'explique si l'on se rappelle les difficultés financières du moment. En fixant la quotité du droit à payer pour obtenir les avantages de la loi, droit qui se justifie du reste, puisqu'il correspond à un service rendu, le législateur a eu la main un peu lourde (de 1 centime à 1 franc pour chaque objet timbré, de 5 centimes à 5 francs pour chaque apposition de poinçon. Art. 2). De plus, la nécessité de recourir à l'intervention de l'administration est de nature à faire craindre des lenteurs préjudiciables à l'exactitude dans les livraisons, qualité si justement appréciée dans le commerce sérieux. Ces considérations expliquent le peu de succès qu'obtient dans la pratique la loi de 1873 qui reste à peu près lettre morte.

L'article 9 de la loi de 1873 en décidant que les dispositions des *autres* lois sur les marques et les noms commerciaux seront applicables aux étrangers en cas de réciprocité, indique clairement que le timbrage et le poinçonnage officiels sont réservés dans tous les cas à l'industrie nationale. Pourtant nous croyons que les industriels et commerçants étrangers établis en France pourront réclamer l'application à leur profit des dispositions de la loi de 1873. Il ne faut pas oublier en effet que la loi de 1857 les assimile aux Français, et les termes mêmes de l'article 9 de la loi de 1873 prouvent avec évidence que le législateur n'a entendu viser dans cet article que les étrangers établis hors de notre territoire ; c'est une modification à l'article 6 de la loi de 1857 qui laisse intact l'article 5 relatif aux étrangers établis en France.

Parmi les lois étrangères, la loi portugaise du 4 juin 1883 est la seule qui ait admis un système analogue à celui de notre loi de 1873. L'article 9 (Ch. 3) décide que les marques déposées et enregistrées conformément au chapitre précédent pourront être garanties par l'apposition du timbre de l'État.

Si l'on rapproche cet article des dispositions admises par la même loi au sujet des marques étrangères et de notre article 9 de la loi de 1873, on en conclut que les Français ne peuvent, même en se fondant sur les traités garantissant les marques portugaises en France, réclamer en Portugal l'estampille officielle pour leurs marques. En effet, quant au timbrage et au poinçonnage, la réciprocité n'existe pas, puisque les étrangers ne sont pas admis chez nous à invoquer la loi de 1873, et que la loi portugaise n'accorde aux étrangers en Portugal que les avantages concédés à ses nationaux dans les pays étrangers.

Du reste, les étrangers établis sur le territoire portugais sont assimilés aux nationaux et peuvent, à ce titre, faire apposer sur leurs produits marqués le certificat d'authenticité.

D'ailleurs les signes apposés par l'autorité sont, avant tout, des attestations garantissant la réalité de la provenance des marchandises, et on ne voit pas bien quelle utilité présenterait à ce titre au Français établi en France l'apposition du timbre de l'État portugais. Il est vrai que la contrefaçon en Portugal de ses marques revêtues de l'estampille officielle attirerait sur son auteur des peines plus sévères, mais on comprend très bien que chaque État réserve à ses seuls nationaux le bénéfice de cette protection exceptionnelle et se considère comme quitte envers les étrangers quand il leur a garanti l'exercice normal de la propriété des marques qui seul est de droit naturel.

— L'avortement des espérances conçues par le législateur de 1873 a laissé ouverte la question de l'adoption d'un signe ayant pour but de certifier la provenance française des produits.

La société de *l'Union des fabricants pour la protection internationale de la propriété industrielle*, reconnue d'utilité publique par un décret du 28 mai 1877, a pris en main les intérêts de nos industriels et commerçants, et cherché à atteindre le but manqué par le législateur.

Un cachet, portant le nom de cette société, a été créé par elle pour être apposé sur les marques de produits exclusivement français.

Ce cachet n'est appliqué qu'à bon escient, après la certitude acquise que la marque présentée n'est pas, elle-même, une contrefaçon. Ainsi se trouve évité un des plus graves inconvénients du système de la loi de 1873. D'après cette loi, en effet, toute marque déposée pouvait être revêtue de l'estampillage officiel, ce qui était loin de constituer une garantie, le dépôt n'étant pas, chez nous, attributif de propriété.

Grâce au contrôle exercé par l'Union des fabricants, toute marque revêtue de son timbre doit être tenue pour française et pour légitimement employée.

A quel titre le signe de cette société a-t-il droit à la protection ?

Il ne constitue pas une marque, il ne peut donc bénéficier des lois françaises et étrangères sur les marques emblématiques ; il se compose uniquement d'un nom, celui de l'Union des fabricants. Mais cette société n'est ni commerçante ni fabricante; la loi de 1824 et les dispositions des lois étrangères analogues sur le nom commercial ne sauraient donc lui être appliquées. L'usurpation de son nom n'en sera pas moins punie, en vertu du principe que nul ne peut faire un usage frauduleux du nom d'autrui. C'est en appliquant ce principe de haute justice que le tribunal provincial de Hambourg a fait respecter le timbre de l'Union usurpé par des commerçants allemands qu'il a condamnés à des dommages-intérêts par décision du 11 décembre 1886.

Voici dans quelles circonstances s'était produite l'usurpation: Par suite des difficultés douanières survenues entre la France et la Roumanie au mois de juin 1885, les produits français étaient frappés d'un droit exorbitant à leur entrée dans ce dernier pays, et leur prix de vente y avait augmenté proportionnellement. Dès lors, pour les commerçants roumains peu scrupuleux, se posait le problème suivant: obtenir des marchandises d'apparence française sans acquitter les droits de douane, les revendre à un prix inférieur au prix courant afin d'attirer la clientèle, mais assez élevé encore pour profiter de la hausse survenue sur le marché.

Quelques-uns de ces commerçants s'assurèrent la complicité d'une maison de Hambourg qui consentit à entrer dans leurs vues. Elle leur envoya des boîtes de thé revêtues des marques d'une compagnie française (1); pour rendre plus vraisemblable la provenance indiquée, elle fabriqua à Hambourg, lieu de l'expédition, des étiquettes reproduisant le nom de l'Union des fabricants, et les envoya en Roumanie pour être apposées sur les produits après importation.

La fraude fut signalée à l'Union qui intenta un procès devant le tribunal de Hambourg de concert avec la compagnie française dont les marques avaient été usurpées. Les demandeurs obtinrent gain de cause, et le tribunal donna à sa décision concernant l'Union des fabricants des motifs que nous croyons devoir reproduire :

« La Société plaignante, dont l'existence sous ce
« nom (Union des fabricants pour... etc) n'est nulle-
« ment contestée, a, tout comme un indigène un droit
« à ce que son nom ne soit pas employé d'une facon
« déloyale, et elle a également le droit de porter une
« plainte en dol contre quiconque lui a occasionné
« un préjudice par suite de l'usage abusif de son nom.
« L'emploi, de la part des défendeurs, du nom de la
« Société demanderesse, a été sciemment illégal et,
« de plus, dommageable, ainsi que le tribunal en juge

(1) Les marques françaises ne sont pas protégées en Roumanie.

« d'après les circonstances, aussi les défendeurs n'ont
« ils pas essayé de soutenir qu'en faisant usage du
« nom de la plaignante ils avaient agi par pure igno-
« rance des faits ;… il importe peu dans l'espèce que
« le droit français n'accorde au nom qu'une protection
« restreinte, car il n'y a aucune raison pour que la
« Société plaignante qui est étrangère, et qui réclame
« une protection générale, soit traitée sur un pied infé-
« rieur aux regnicoles. Au surplus, comme les défen-
« deurs n'ont pas contesté avoir fait fabriquer à Ham-
« bourg les étiquettes (timbres) portant le nom de la
« Société demanderesse et les avoir expédiées en Rou-
« manie pour être apposées sur les emballages des pro-
« duits par eux exportés dans ce pays, il est évident
« que la plainte est fondée. »

La décision du tribunal de Hambourg est devenue
définitive, les défendeurs ayant fait appel après les
délais de rigueur.

2° Article 19, de la loi de 1857.

Les contrefaçons sont malheureusement si fréquentes que le public, instruit par une expérience souvent
renouvelée, ne se laisse pas toujours tromper par les
usurpateurs de marques et de noms français. Ceux-ci,
toujours ingénieux, ont trouvé un moyen commode de
prévenir la défiance des acheteurs en procurant à leurs
marchandises contrefaites un véritable certificat d'authenticité. Voici comment ils y sont parvenus. Ils

introduisent en France leurs produits étrangers revêtus de marques et de noms français ; après un séjour
plus ou moins prolongé en entrepôt, ou même après
avoir simplement transité, ces produits sortent de notre
territoire revêtus des plombs de la douane et sous lettre de voiture française. On ne peut plus douter, dans
les pays où ils sont alors répandus, qu'ils viennent de
France, et il y a dès lors une forte présomption pour
qu'ils y aient été réellement fabriqués.

Avant 1857 on agitait la question de savoir s'il était
possible de saisir en cours de route pour l'application
de la loi de 1824 les produits ainsi marqués qui transi-
taient sur notre territoire. On avait soutenu que les
principes admis en matière de douane (et d'après lesquels les objets en transit sont traités au point de vue
de l'acquittement des droits comme s'ils n'avaient pas
touché le territoire), devaient recevoir ici leur application, et que la saisie en cours de route n'était pas possible. La Cour de cassation avait fait justice de cet argument en déclarant que les dispositions des lois de
douane à ce sujet avaient été édictées seulement dans
le but de favoriser les industries de transport et n'a-
vaient aucune raison d'être appliquées dans notre
hypothèse. (1) Néanmoins la question pouvait se présenter à nouveau et donner lieu à des décisions con-
traires, aussi quand il s'agit de réformer la législation

____

(1) Cass. 7 décembre 1854, Pataille 1856 p. 209. Cft. Paris 6 novemb. 1857
Pataille 1858, p. 126.

des marques, le projet du gouvernement contint-il un article ayant pour but de permettre à la partie lésée et au ministère public d'opérer la saisie de ces produits dès leur entrée en France et sur tout leur parcours en territoire français. La commission du Corps législatif alla plus loin, elle proposa de donner aux agents des douanes le droit de saisir eux-mêmes les marchandises à la frontière. Cette proposition fut adoptée.

Ainsi l'article 19 tranche dans le même sens que la jurisprudence de la cour de cassation la question de la *possibilité* de saisir, de plus il rend la saisie *plus facile*, en autorisant l'intervention de la douane, administration bien placée pour découvrir les fraudes au cours de ses recherches et pour prévenir les intéressés. Tel est le but de l'article 19 que nous allons citer :

« Tous produits étrangers portant soit la marque,
« soit le nom d'un fabricant résidant en France, soit
« l'indication du nom ou du lieu d'une fabrique française,
« sont prohibés à l'entrée et exclus du transit et de l'en-
« trepôt et peuvent être saisis en quelque lieu que ce soit,
« soit à la diligence de l'administration des douanes,
« soit à la requête du ministère public ou de la partie
« lésée.

« Dans le cas où la saisie est faite à la diligence de
« l'administration des douanes, le procès-verbal de saisie
« est immédiatement adressé au ministère public. — Le
« délai dans lequel l'action prévue par l'article 18 devra
« être intentée sous peine de nullité de la saisie, soit par

« la partie lésée soit par le ministère public, est porté à
« deux mois. Les dispositions de l'article 14 sont appli-
« cables aux produits saisis en vertu du présent article. »

Comme on le voit, le texte ne s'occupe pas seulement
des marques, mais encore des noms de personnes et de
lieux ; c'est le seul article de la loi de 1857 qui doive
être appliqué au nom commercial.

Quelle est, au juste, la portée de cet article ?

On est généralement d'accord pour reconnaître qu'il
ne crée pas un délit spécial, le délit d'introduction de
produits frauduleusement marqués, qui serait l'analogue du délit d'introduction de produits contrefaits prévu
par la loi de 1844 sur les brevets (art. 41). S'il était vrai
que l'introduction constituât par elle-même un délit, il
faudrait accuser le législateur de 1857 d'une faute de
méthode inexcusable pour avoir relégué dans le titre
V (des disposition générales et transitoires), un texte
ayant pour but d'ajouter un fait délictuel nouveau à
ceux qu'il avait prévus et énumérés dans le titre III (des
pénalités). Ce manque de logique serait d'autant moins
pardonnable que la loi de 1857, au point de vue des
pénalités, est rédigée sur le modèle de la loi de 1844 dont
l'article 41 énumère le délit d'introduction en même
temps que les autres. Pourquoi lui aurait-on fait une
place à part dans la loi des marques, pourquoi l'aurait-
on exilé alors du titre des pénalités ? Rien ne pourrait
l'expliquer. L'exposé des motifs de la loi est d'ailleurs
formel sur ce point : après avoir indiqué la fraude qu'il

s'agissait de réprimer, il indique le moyen proposé pour arriver à ce but ; ce moyen, c'est, dit-il, « d'autoriser la saisie » de pareils produits à la requête du ministère public ou de la partie lésée. Rien de plus. Le rapport de la commission est aussi significatif.

N'oublions pas que nous sommes en matière pénale ou il ne faut pas exagérer la pensée du législateur dans le sens de la répression, et encore moins créer un délit de toutes pièces (1).

De ce que l'article 19 n'a pas pour but de prononcer une peine contre l'introducteur, il n'en résulte pas que la saisie et la confiscation seront les seuls moyens de répression employés en cas d'introduction des marchandises contrefaites. L'article nous en avertit d'ailleurs, puisqu'il prévoit qu'une action pourra être intentée, et augmente le délai ordinaire dans lequel elle devra être introduite. Le but de la loi c'est de donner une arme de plus à la partie lésée, en permettant expressément la saisie et en la rendant facile, et non de la priver des recours de droit commun en la matière. Pour bien comprendre la portée de l'article 19 il faut donc combiner ses dispositions avec les principes qui régissent la répression de la contrefaçon. On devra recourir pour cela au titre « des pénalités » de la loi de 1857 au point de vue des marques, à la loi de 1824 pour les noms.

1° Marques. — La loi de 1857 prévoit trois catégories de faits délictueux pour la contrefaçon et l'emploi

(1) V. Bédarride n° 994 et Rendu n° 359.

des marques contrefaites (art. 7) et ces délits ont leurs analogues quand il s'agit des marques imitées. Ces trois catégories sont :

1° La contrefaçon proprement dite et l'usage des marques contrefaites.

2° L'apposition frauduleuse de ces marques sur les produits.

3° La vente et la mise en vente sciemment de ces produits.

Peut-on faire rentrer l'introduction dans une de ces catégories ? M. Pouillet (1) (n° 355) pense que « l'in-« troducteur, lors même qu'il se borne au transit, a pour « but de donner à sa marque une apparence française, « l'introduction est donc, conclut-il, nécessairement liée « à un usage en France de la marque contrefaite ». Ainsi il semble que, d'après le savant auteur, l'introduction devrait être punie comme l'usage de la marque contre-faite ou imitée.

Nous regrettons de ne pouvoir admettre cette conclu-sion. Nous nous faisons du délit d'usage une idée bien différente de celle que parait exprimer M. Pouillet, dans le passage de son ouvrage auquel nous faisons allusion. La loi a traité l'usage avec la même sévérité que la contrefaçon proprement dite, et elle n'a pas per-mis à son auteur d'invoquer l'exception de bonne foi. C'est là une remarque qui doit nous mettre en garde

____

(1) Voir aussi Rendu n° 359.

contre l'extension de ce délit en dehors des cas certainement prévus par le législateur. Pour nous, ce délit
suppose une contrefaçon pour ainsi dire en deux actes,
dont le premier serait la confection des timbres ou
cachets, le second l'impression de ces timbres ou cachets
sur des étiquettes ou enveloppes destinées à servir de
marques. C'est cette impression que la loi veut punir
en parlant d'usage dans l'article 7, 1°.

M. Pouillet dans un autre passage (n° 167) voit un
fait d'usage dans l'acte d'un agent d'une maison étrangère qui fait en France des offres de services en s'enga-
geant à livrer pour sa maison des produits revêtus de
marques françaises conformes à un modèle qu'il col-
porte. Il nous semble qu'il y a là purement et simplement
une mise en vente qui rend son auteur passible des
peines portées à l'article 7, 3°. Peu importe que les produits ne soient pas présentés en nature revêtus des
marques usurpées. L'offre de vendre a lieu en France,
la loi française doit donc s'appliquer. Si par les mots
usage de la marque, le législateur avait voulu viser des
actes qui, tout au moins, se rapprochent de très près de
la mise en vente, comme celui qu'indique M. Pouillet,
on ne comprendrait vraiment pas qu'elle ait interdit à
leurs auteurs d'invoquer l'exception de bonne foi qu'elle
réserve aux vendeurs. Si l'on entend le délit d'usage
comme nous l'avons fait, il est facile de s'expliquer, au
contraire, que la loi l'ait puni avec la même inflexible
rigueur qu'elle montre pour la contrefaçon, puisqu'il

n'en est, en quelque sorte, que la continuation.

L'introduction ne saurait donc se rattacher aux faits que la loi a prévus en parlant de l'usage de la marque, et, faute d'une répression spéciale à elle destinée, il faut chercher un moyen de la frapper indirectement.

Au moment où la saisie est opérée à la frontière, deux faits se sont nécessairement passés : la confection de la marque et son apposition. L'apposition, au moins, a toujours eu lieu à l'étranger. Quant à la fabrication de la marque, elle peut avoir eu lieu en France. Il est arrivé assez souvent que les usurpateurs ont fait confectionner leurs étiquettes sous leurs yeux en France, puis les ont expédiées à l'étranger pour être apposées sur les produits. Dans ce cas, l'article 7, 1° s'applique sans contestation possible à l'imprimeur ou au graveur, et l'introducteur, leur complice, est passible des mêmes peines qu'eux.

Si la contrefaçon proprement dite a eu lieu elle-même à l'étranger, il faut distinguer : la loi pénale du pays où elle a été commise punit-elle l'usurpation des marques françaises ? Alors il sera permis à la partie lésée d'agir dans ce pays contre le contrefacteur ou l'auteur de l'apposition, et l'introducteur, leur complice, sera poursuivi avec eux. S'il réside en France, on pourra même l'assigner séparément devant nos tribunaux. De plus, en vertu de l'article 5 du code d'instruction criminelle, si les auteurs de la fraude commise à l'étranger sont Français, il sera loisible à la partie lésée de porter en

France une plainte qui mettra en mouvement l'action du ministère public.

Enfin, par application des articles 14 et 16 du Code civil l'action en dommages-intérêts pour réparation de l'atteinte portée au droit de propriété de la marque sera ouverte en France même contre les auteurs des manœuvres à l'étranger, quelle que soit leur nationalité.

Si la loi pénale étrangère ne punit pas la contrefaçon de nos marques, alors il n'y a pas de délit commis, et le recours au civil est seul possible.

Il peut se faire que les produits soient introduits après vente sur notre territoire et à destination de l'acheteur résidant en France ou à l'étranger (Dans ce dernier cas les marchandises ne font que transiter). Alors l'introducteur qui a vendu les produits sera passible des peines portées à l'article 7, 3°.

La pensée du législateur étant de frapper surtout les produits en transit, c'est certainement cette hypothèse qu'il avait en vue quand il a parlé dans l'article 19 de l'action intentée après la saisie. Il faut avouer aussi que cette fraude est particulièrement dangereuse; en effet, les marchandises une fois sorties de France, les contrefacteurs échappent à toute poursuite si les pays où elles sont alors importées ne protégent pas une marque. Dans le cas d'importation, au contraire, les produits arrivés à destination ne pourront être vendus sans s'exposer à encourir les peines de l'article 7, 3°.

Remarquons que, grâce au grand nombre de conventions diplomatiques, l'action correctionnelle sera presque toujours ouverte contre l'introducteur résidant en France au- moins comme complice d'un délit commis dans un pays qui punit la contrefaçon de nos marques.

2⁰ Noms. — La loi de 1824, comme on l'a vu, punit aussi l'apposition frauduleuse des noms de fabricants et des noms de lieu sur les produits, et la vente de ces produits. Nous n'aurions qu'à faire les mêmes distinctions et qu'à appliquer les mêmes principes développés au sujet des marques, si cette loi ne prévoyait pas en outre le délit de mise en circulation.

En introduisant des marchandises contrefaites est-il vrai qu'on les mette en circulation au sens de la loi ? La jurisprudence l'a toujours pensé, et il faut reconnaître que cette doctrine lui a fourni une arme redoutable contre les usurpateurs de noms. Quelque désirable que soit la répression des fraudes, nous ne croyons pas qu'on doive l'obtenir en détournant de leur sens les expressions d'un texte de loi pénale. C'est cependant ce qu'on est, croyons nous, obligé de faire dans le système de la jurisprudence. Dans cette opinion, mettre en circulation signifie faire changer de lieu, déplacer, si bien qu'un commerçant commettrait le délit de mise en circulation en transportant des produits contrefaits de son magasin dans une de ses succursales. Pour nous telle n'est pas la pensée de la loi ; mettre en circulation signifie faire passer des mains d'une personne dans les mains d'une autre personne, c'est le sens économique du mot. Nous pensons que le législateur a compris ainsi les expressions de la loi et qu'elles visaient dans son esprit ceux qui achètent et revendent les marchandises sans les exposer en vente dans leurs magasins.

C'est ce qui ressort du passage suivant du rapport de M. Lemoine des Mares : « craignant que les seuls mots : « exposé en vente ne donnassent lieu à quelques in- « terprétations à l'aide desquelles les coupables pour- « raient se soustraire à la peine, en *achetant* des mar- « chandises marquées de noms supposés *pour les reven-* « *dre* dans un autre endroit ou les exporter *sans les faire* « *entrer dans leurs magasins,* votre commission vous « propose d'ajouter, dans le 2ᵉ paragraphe de l'article « précédent les mots : *ou mis en circulation.* » Ainsi la commission a voulu, par l'adjonction de ces mots atteindre un acte analogue à la vente, que l'expression « exposé en vente » n'aurait pas frappé ; on n'a pas entendu créer un délit de déplacement de marchandises, mais bien donner plus de compréhension au délit d'exposition en vente. On ne saurait donc dire que celui qui se fait expédier les marchandises qu'il a achetées commette le délit de mise en circulation.

Mais la plupart du temps l'introducteur aura commandé à l'étranger l'apposition des mentions frauduleuses, il pourra donc être condamné comme complice de cette apposition, non plus en vertu du § 2 de l'article premier mais en vertu du § 1er. Cette condamnation pourra être prononcée aussi bien contre un négociant que contre un fabricant. En effet, la complicité spéciale prévue par l'article 1er § 2, n'a pas pour but de mettre les débitants à l'abri des poursuites pour complicité de droit commun (1).

Quand il s'agira des noms de lieu, il faut avouer que notre manière d'entendre le délit de mise en circulation aura pour effet d'assurer l'impunité à l'introducteur et que la sanction pénale se réduira à la saisie et à la confiscation. Le fait d'apposer frauduleusement sur des produits le nom d'un lieu de fabrication française ne constitue un délit dans aucun pays étranger ; l'introducteur ne saurait donc être poursuivi en France comme complice d'un acte accompli légitimement à l'étranger.

Il serait désirable, pour combler cette lacune et assurer la répression dans tous les cas, qu'un texte formel prononçât une peine *contre tout introducteur* d'objets revêtus soit de marques soit de noms (de personnes ou de lieux) usurpés.

— Une question spéciale se pose à propos des noms de lieu. Des négociants, et, même, des fabricants français, attirés par le bon marché de la main-d'œuvre à l'étranger ont pris, depuis quelques années, l'habitude de faire

(1) « Le débitant peut être complice, soit qu'il ait demandé la fabrication « frauduleuse, soit qu'il ait lui-même exécuté les altérations ; il subira « les peines ordinaires de sa complicité. C'est le droit commun. » (*Exposé des motifs présenté à la Chambre des députés*).

fabriquer hors de France des produits qu'on leur expédie ensuite revêtus du nom de la localité où ils sont établis. L'article 19 doit-il s'appliquer dans cette hypothèse? la saisie et la confiscation doivent-elles être opérées ? De graves discussions ont eu lieu à ce sujet, et il faut avouer que l'ensemble des arrêts de la jurisprudence révèle une doctrine encore hésitante.

La question s'est présentée pour la première fois à la Cour de cassation le 9 avril 1864. La Cour suprême, (rejetant un pourvoi introduit à propos d'un arrêt de la Cour de Rouen du 29 janvier de la même année), décida que l'article 19 ne devait pas recevoir son application, attendu « qu'au point de vue où s'est placé le « législateur l'usurpation est l'élément essentiel de l'in- « fraction qu'il a voulu réprimer, que, lorsque c'est du « consentement et par l'ordre du négociant français lui- « même que sa marque, son nom ou le nom du lieu de « sa résidence ont été apposés, cet élément disparaît... » Cette décision est certainement irréprochable en ce qui concerne la marque et le nom du négociant, mais en est-il de même quant à la mention de provenance? La Cour de cassation semblait oublier les termes de l'article premier de la loi de 1824, qui interdisent formellement l'apposition sur les produits du nom d'un lieu autre que celui de la fabrication.

Il est possible que, dans le cas où se place l'arrêt, l'apposition du nom de lieu constitue une concurrence déloyale, une fraude préjudiciable aux confrères de l'introducteur établis dans la même localité que lui. En faisant fabriquer à l'étranger, probablement pour bénéficier d'une main-d'œuvre moins coûteuse, celui-ci se place dans des conditions privilégiées, qui lui permettent d'attirer la clientèle en vendant à meilleur compte. La mention de provenance conserve à ses marchandises le bénéfice de la renommée acquise à l'industrie du lieu, et cela grâce à un mensonge ; il a l'air de vendre à meilleur compte que ses concurrents des produits fabriqués dans les mêmes conditions que les leurs. Il y a donc concurrence déloyale.

Du seul fait de son établissement dans le lieu de fabrication indiqué, il ne résulte pas qu'il a le droit d'employer comme bon lui semble le nom de ce lieu ; s'il est propriétaire de son nom patronymique et de sa marque, il n'est que copropriétaire du nom du lieu de fabrication : ses compatriotes peuvent, comme lui, l'employer, son droit est limité par le leur, il n'en peut faire un usage qui leur nuirait.

Le législateur de 1824 avait certainement entendu limiter ainsi le droit de se servir d'un nom de lieu, puisqu'il avait demandé qu'un règlement d'administration publique déterminât le rayon autour d'une ville manufacturière dans lequel pourraient être fabriqués les produits qu'on voulait revêtir du nom de cette ville. Le règlement n'a pas été fait, mais il est hors de doute que les objets fabriqués à l'étranger ne peuvent, dans

l'esprit de la loi, porter une indication de provenance
française.

La loi de 1824 peut donc s'appliquer à notre hypothèse, de même que l'article 19 destiné à faciliter la
répression des délits qu'elle prévoit.

C'est pour avoir trop perdu de vue l'esprit de la loi
de 1824 que la Cour de cassation, dans son arrêt de
1864, a mis la mention de provenance sur le même pied
que les marques et les noms de personnes.

Néanmoins une circulaire du ministre de l'agriculture du commerce et des travaux publics, en date du
8 juin 1864, avertit les Chambres de commerce que,
conformément à la doctrine de la Cour de cassation,
les produits introduits dans les conditions de l'arrêt
ne seraient plus saisis à la frontière. La circulaire exigeait d'ailleurs que la déclaration d'entrée constatât
que les marchandises avaient été fabriquées sur l'ordre du commerçant ou du fabricant français, et qu'elles
lui étaient destinées.

Le 20 juin 1881 le directeur général des douanes
adressait encore à ses subordonnés une instruction qui
reproduisait les termes de la circulaire ministérielle
de 1864.

Tel était l'état de la question quand, au commencement de 1882, quelques fabricants de boutons établis
à Paris s'adressèrent à la Chambre de commerce pour
la prier de provoquer une poursuite contre certains
industriels parisiens coupables d'avoir introduit des

boutons fabriqués en Italie et portant néanmoins la mention : *articles de Paris*.., Comme conséquence de ces réclamations, le 26 octobre 1882 et jours suivants, les agents de la douane opérèrent la saisie de boîtes de boutons fabriqués en Italie ; puis les introducteurs furent cités pour violation de la loi de 1824. La Chambre de commerce se constitua partie civile.

Le tribunal correctionnel de la Seine, devant lequel une des affaires avait été portée, commença par débouter la Chambre de commerce en lui refusant qualité pour défendre en justice les intérêts des industriels et commerçants de son ressort. S'appuyant ensuite sur la généralité des termes de l'article 1er de la loi de 1824 et considérant que l'indication de Paris pouvait faire croire que les boutons étaient de fabrication parisienne, il prononça la condamnation des prévenus. La Cour de Paris (21 février 1883. J. D. I. P. 1883, p. 59) infirma la décision des premiers juges ; « considérant qu'il n'est pas « établi que Paris soit pour les boutons un lieu particu- « lièrement renommé de fabrication comme le seraient « Elbeuf et Sedan pour les draps ; que le mot Paris, tracé « sur les cartes saisies, indiquait seulement que les « objets devaient être débités comme articles de Paris, « qualification que l'introducteur avait le droit d'impri- « mer à ses marchandises par cela seul que le siège de « son commerce était à Paris »...

Pendant ce temps une action correctionnelle avait été introduite devant le tribunal de Saint-Jean de Maurienne

sur une des saisies pratiquées dans les mêmes conditions. Ce tribunal, contrairement à ce qu'avaient décidé
les juges de première instance de la Seine, renvoya les
prévenus des fins de la plainte. La cour de Chambéry
fut saisie à son tour, et, le 30 décembre 1883, elle rendait un arrêt qui infirmait le jugement de St. Jean de
Maurienne : « Attendu, disait-elle, qu'il résulte des
« pièces du dossier et des délibérations et manifesta-
« tions de la Chambre de commerce de Paris que la
« fabrication des boutons compte sérieusement au nom-
« bre des industries parisiennes, et que cette industrie
« peut éprouver un véritable dommage par la fausse
« marque d'origine apposée sur les boîtes de fabrica-
« tion étrangère. »

Pourvoi est introduit en cassation : le 23 février
1884 (1), un arrêt de rejet applique dans toute sa
rigueur le principe de la loi de 1824 dont l'arrêt de
1864 n'avait pas tenu compte. La Cour pose en principe que cette loi, dans son article 1er, « prohibe d'une
« manière absolue et punit l'apposition sur un produit
« industriel d'un nom de lieu autre que celui de la fabri-
« cation ; l'article 19 de la loi de 1857, ajoute l'arrêt, n'a
« fait que confirmer et maintenir ces principes. »

La Cour suprême ne va cependant pas jusqu'à dire que
l'apposition du mot Paris suffira toujours à constituer
l'acte puni par la loi ; la suite de l'arrêt montre bien que

____

(1) Pataille 1884, p. 208.

telle n'est pas sa pensée : « Attendu que cette indica-
« tion était de nature à porter préjudice à l'industrie
« parisienne et à tromper l'acheteur, que ces apprécia-
« tions et constatations ont été faites souverainement.»
Ainsi il faut que la mention soit de nature à induire
en erreur sur la provenance réelle des objets.

Souvenons-nous que, dans des circonstances identiques, la Cour de Paris avait formulé des appréciations
diamétralement opposées à celles de la Cour de Chambéry. La Cour de Cassation reconnaissant les pouvoirs
souverains des magistrats d'appel en cette matière,
aurait dû, si l'arrêt de Paris était venu devant elle, reje-
ter également le pourvoi, sous peine de se mettre en
contradiction avec elle-même.

L'arrêt termine en déclarant que la circonstance « que
« les boutons auraient été fabriqués en Italie avec les
« modèles envoyés de Paris ne saurait avoir pour objet
« d'enlever à l'indication mensongère son caractère
« frauduleux »

Nous croyons que cet arrêt fait une saine application
de la loi de 1824, si l'on admet l'interprétation que
donne la jurisprudence aux mots : mis en circulation.
Il s'agissait en effet dans l'espèce d'un introducteur négociant et non fabricant, et la Cour l'a condamné en
vertu du paragraphe 2 de l'article premier de la loi.

Il ne faudrait pas exagérer la portée de cet arrêt : il
n'en résulte pas que toute mention d'une localité française sur des produits étrangers pourra motiver la saisie.

L'arrêt lui-même, nous ne saurions trop le répéter, exige que l'indication soit de nature à porter préjudice à l'industrie du lieu mentionné et à tromper l'acheteur. Les Cours et tribunaux doivent faire souverainement cette appréciation. D'après quels indices pourront-ils fixer leur opinion à cet égard ? Leurs recherches devront porter sur deux points principaux :

1° La localité indiquée est-elle connue pour la fabrication des produits introduits ?

2° La mention a-t-elle les apparences d'une indication de provenance ?

Dans le cas où aucune fabrique de produits similaires n'est exploitée dans l'endroit indiqué, la mention n'aura aucune importance aux yeux des acheteurs, elle ne pourra constituer une concurrence déloyale, puisqu'aucune comparaison ne peut être faite entre les produits qu'elle recouvre et ceux de la ville indiquée (Trib. corr. Bordeaux 17 mars 1887 (1), *Gazette du Palais* des 20-21 mars ; Toulouse 8 décembre 1886, Pataille 1886 p.342. Voir les consultations de MM. Pouillet, Bonfils et Lacointa. Cet arrêt a été confirmé par la C. de cass., le 30 avril 1887. V. *Gaz. des tribunaux* des 2 et 3 mai). D'ailleurs le texte même de l'article 19 de la loi de 1857 montre qu'il ne doit pas s'appliquer à cette hypothèse. Ne dit-il pas en effet, qu'on pourra saisir à la frontière les marchandises portant le nom du *lieu d'une fabrique* française ?

Si l'introducteur était le seul fabricant de l'endroit,

(1) Voir aussi un arrêt de Nancy, *Loi* du 14 octobre 1886.

on ne pourrait non plus dire qu'il y ait concurrence déloyale ; on ne se fait pas concurrence à soi-même. Il faut, pour que l'article 19 et la loi de 1824 s'applique, que la localité indiquée soit le centre d'une fabrication sérieuse.

Quant au caractère de la mention, il dérivera la plupart du temps de la nature de l'établissement de l'introducteur. Tient-il une maison de commerce, presque toujours l'indication n'aura pour but que de faire connaître son adresse (Ex : maison universelle rue d'Alsace-Lorraine, Toulouse. Arrêt sus-indiqué.) Contra : Besançon 5 avril 1887. (*Gazette des tribunaux* du 4 mai.) Ce dernier arrêt voit une intention frauduleuse dans le fait d'omettre de mentionner la marque du fabricant étranger et d'indiquer seulement le nom et l'adresse du commerçant destinataire. Cela est excessif ; la marque de fabrique n'est pas obligatoire chez nous, et le fabricant n'a pas, comme le dit l'arrêt, « le devoir » de l'apposer sur ses produits ; d'autre part les commerçants ont toujours le droit de marquer leurs marchandises de leur nom sans indiquer celui du fabricant. Le système de la Cour de Besançon aboutirait à supprimer les marques de commerce employées isolément.

Si l'introducteur est fabricant, il y aura beaucoup de chance pour que le public soit trompé en lisant sur ses produits son nom et le nom d'une localité française, et conduit à croire à la provenance nationale des produits.

Une circulaire du ministre du commerce du 26 février 1886, adressée aux chambres de commerce, fait connaître le changement de jurisprudence manifesté dans l'arrêt de rejet du 23 février 1884, et rapporte la décision ministérielle du 8 juin 1864.

— Quelques pays étrangers ont adopté des dispositions analogues à notre article 19. En Angleterre une loi du 24 juillet 1876 prohibe d'une façon absolue l'importation des produits de manufactures étrangères portant « un nom, une marque, un emblème de nature « à laisser supposer ou croire qu'ils sortent d'une manu- « facture britannique. »

— L'article 30 de la loi portugaise de 1883 contient une disposition semblable. L'article 31 décide que le précédent ne s'applique pas s'il est présenté un document authentique ou légalisé qui prouve que c'est du consentement de l'intéressé qu'il est fait usage du nom, de la marque ou de la raison sociale figurant sur les produits venant de l'étranger.

— En Italie, l'introduction des produits contrefaits constitue un délit. (A. 5 § 2).

— L'importation et le transit de marchandises étrangères portant un signe de provenance du pays sont interdits en Serbie, (art. 23, loi du 20 mai (11 juin) 1884.)

— L'introduction en Turquie d'objets fabriqués à l'étranger avec l'apparence frauduleuse d'une fabrication ottomane est interdite par l'article 23 de la loi

de 1872. Les objets arrêtés à la frontière par les agents
de la douane sont restitués à leur propriétaire.

— Nous ne pouvons terminer ce chapitre sans parler
des projets de réforme de la législation française tendant
à augmenter nos moyens de défense contre les manœuvres frauduleuses commises dans les rapports internationaux.

Le 29 février 1884, M. Bozérian déposait au Sénat une
proposition de loi en quatre articles, destinée à réprimer
« les fraudes tendant à faire passer pour français des
« produits fabriqués à l'étranger ou en provenant. »
Voici le texte de cette proposition :
« Art. 1er. — Les dispositions des articles 7, para-
« graphe 1er, 10, 11, 12, 13, 14, 17, 18 et 19 de la loi du
« 23 juin 1857 sur les marques de fabrique et de com-
« merce sont applicables : 1º A ceux qui ont apposé
« soit sur des produits fabriqués à l'étranger, ou en
« provenant, soit sur leurs enveloppes, bandes ou éti-
« quettes, des noms, marques, signes ou indications
« destinés à faire croire qu'ils ont été fabriqués en
« France, ou qu'ils en proviennent ; 2º A ceux qui, dans
« le même but, ont employé des manœuvres ou combi-
« naisons frauduleuses de nature à tromper sur la véri-
« table origine des produits ; 3º A ceux qui, lorsque
« des produits ont été fabriqués dans une localité étran-
« gère portant le même nom qu'une localité française,
« ou lorsqu'ils en proviennent, n'ont pas joint au nom

« de cette localité le nom du pays dans lequel elle est
« située ; 4° A ceux qui ont sciemment vendu, exposé
« en vente, introduit ou tenté d'introduire en France,
« ou mis en circulation ces sortes de produits.

« Art. 2. — En cas de condamnation, la confiscation
« de ces produits sera prononcée par le tribunal.
« En cas d'acquittement, la confiscation sera faculta-
« tative. S'il y a partie civile en cause, les objets con-
« fisqués lui seront remis, sans préjudice de plus
« amples dommages-intérêts, s'il y a lieu.

« Art. 3. — Le droit de saisie accordé au proprié-
« taire de marques par l'article 17 de la loi du 23 juin
« 1857 pourra être exercé par tous ceux qui se préten-
« dront lésés par les délits prévus par la présente loi.

« Art. 4. — La saisie des produits visés par la pré-
« sente loi, ainsi que ceux tombant sous l'application
« de la loi du 28 juillet 1824, par suite de suppositions
« de noms de localité, pourra être opérée à la diligence
« des Chambres de commerce agissant dans l'intérêt
« des commerçants et des industriels de leur ressort.
« L'action pourra être intentée à leur requête. »

L'article premier aurait pour effet de rendre applica-
cable aux fraudes qu'il prévoit le système de répression
organisé par la loi de 1857. Il mettrait hors de doute le
caractère illicite de la mention mensongère de provenance employée dans le cas de l'arrêt de la Cour de
cassation du 23 février 1884, dont nous avons parlé.
En outre, croyons-nous, il réprimerait l'indication de

fausse provenance même dans le cas où la localité française frauduleusement indiquée ne serait pas renommée pour la fabrication de produits similaires. La France entière serait considérée alors comme un lieu de fabrication, la loi protégerait l'industrie française prise dans son ensemble.

Grâce au paragraphe 2 de l'article 1er les pénalités de la loi de 1857 deviendraient applicables, non seulement dans le cas de mentions mensongères apposées sur les produits ou leurs enveloppes, mais même quand des manœuvres frauduleuses seraient employées dans le but de faire croire à la provenance française des produits mis en vente. (Exemple : prospectus, circulaires, affiches). Actuellement ces manœuvres ne donnent lieu qu'à une action en dommages-intérêts basée sur l'article 1382 du Code civil (1).

Le but du paragraphe 3 du projet se comprend à sa seule lecture : il y a plusieurs villes étrangères portant le même nom que des localités françaises (Vienne en Autriche, Paris, Mâcon, aux États-Unis).

Le dernier paragraphe de l'article premier, en créant le délit d'introduction ou de tentative d'introduction, supprimerait les difficultés que nous avons rencontrées dans l'application de l'article 19 de la loi de 1857, et assurerait une répression pénale dans tous les cas.

L'article 2 de la proposition rend la confiscation

(1) Voir un jugement du tribunal de commerce de Saint-Quentin, 3 août 1885 confirmé par arrêt de la cour d'Amiens du 3 décembre 1886.

obligatoire en cas de condamnation, tandis que, d'après l'article 14 de la loi de 1857, elle était toujours facultative.

Par l'article 3 le consommateur aurait le droit de faire saisir les produits, droit que l'article 17 de la loi de 1857 réservait aux seuls propriétaires de marques.

Grâce à l'article 4, les Chambres de commerce auraient désormais qualité pour agir en cas de supposition de nom d'une localité comprise dans leur ressort. Cette disposition supprimerait les difficultés qu'on rencontre quand il s'agit de justifier le préjudice causé non à un demandeur seul, mais à une collectivité dont il fait partie (Voir à ce sujet les paroles de M. Bozérian dans la séance du Sénat du 4 novembre 1886).

La proposition de M. Bozérian fut prise en considération, une commission fut nommée, au nom de laquelle M. Dietz-Monin déposa un rapport dont les conclusions furent adoptées le 3 juillet 1884. Puis, le ministre du commerce, M. Hérisson, jugea que la question méritait un examen approfondi, et soumit le texte proposé à l'appréciation des cours, tribunaux, chambres de commerce et chambres syndicales. L'enquête dura plusieurs mois ; la commission sénatoriale en étudiait les résultats quand, le 16 octobre 1886, M. Lockroy, ministre du commerce, déposa à la Chambre des députés un projet de loi calqué sur le texte rédigé par M. Bozérian en 1884. Celui-ci protesta énergiquement, dans la séance du Sénat du 4 novembre 1886, contre cette adoption ministérielle d'une idée dont il revendiquait légitimement la paternité (1). Le ministre retira son projet.

Mais les résultats de l'enquête ouverte avaient fait dévier la proposition primitive du but poursuivi par son auteur. Plusieurs des compagnies consultées avaient émis le vœu qu'une refonte complète de notre législation sur les marques et les noms commerciaux fût entreprise. Déférant à ce vœu, la commission sénatoriale déposa, par l'organe de son rapporteur, M. Dietz-Monin, une proposition rédigée en ce sens. Le texte présenté au Sénat le 4 novembre 1886 a subi depuis de nombreuses modifications, et nous croyons qu'il n'est pas encore parvenu à sa forme définitive. L'œuvre entreprise doit établir l'harmonie tant désirée entre les principes qui régissent les marques emblématiques et ceux admis pour le nom commercial.

M. Bozérian a repris, à titre de contre-projet, sa proposition de 1884. Il est à souhaiter que la discussion ne s'en fasse plus longtemps attendre.

(1) Le projet du ministre différait de la proposition Bozérian en deux points seulement : le droit de saisie n'y était pas accordé aux consommateurs, et les chambres de commerce n'y étaient pas investies du droit de poursuivre. Ces modifications étaient loin de constituer des améliorations. -

DEUXIÈME PARTIE

RÉGIME DE RÉCIPROCITÉ CONVENTIONNELLE

CHAPITRE PRÉLIMINAIRE

DES CONVENTIONS — GÉNÉRALITÉS

L'examen que nous avons fait des dispositions législatives concernant les étrangers en matière de marques
et de noms commerciaux dans les principaux pays civilisés, conduit à conclure que les lois sont, par elles
seules, insuffisantes pour assurer la sécurité des relations internationales. Parmi elles, en effet, toute une
catégorie refuse protection à l'étranger en l'absence de
convention diplomatique; d'autres exigent la réciprocité
au moins légale, ce qui exclut un grand nombre d'États;
enfin, entre les pays qui usent de réciprocité, il est
encore nécessaire de conclure des traités pour s'assurer
des avantages particuliers et se mettre en garde contre
tout changement de législation.

Depuis longtemps déjà les différents gouvernements
ont cherché à procurer à leurs nationaux par la voie

diplomatique le bénéfice des lois étrangères. Avant même la promulgation de la loi de 1857, des traités en ce sens avaient été conclus entre la France et quelques États européens (avec le Portugal le 12 avril 1851, avec la Saxe, le 19 mai 1856). Ces conventions stipulaient que les usurpateurs de marques seraient traités de la même manière que les contrefacteurs d'œuvres d'art Un autre traité, avec la Russie (14 juin 1857) décidait simplement que l'usurpation des marques des Français en Russie et des Russes en France serait sévèrement interdite et donnerait lieu à des dommages-intérêts au profit de la partie lésée. En continuant avec cette méthode ou plutôt cette absence de méthode, on serait arrivé à une confusion extrême par suite de la diversité des garanties stipulées dans chaque traité.

La loi de 1857 fut votée, et, depuis ce temps, un procédé presque constant a été employé dans la rédaction des traités : on stipule que les ressortissants des parties contractantes jouiront, sur le territoire de chacune d'elles, de la même protection que les nationaux. Dans une seule hypothèse il a été nécessaire de se départir de cette méthode, c'est quand on a traité avec des États qui ne possédaient pas, pour les nationaux eux-mêmes, de législation sur l'enregistrement des marques. (Convention de 1864 avec la Suisse, de 1869 avec les États-Unis).

Ce système de réciprocité relative présente toutes les garanties raisonnablement exigibles ; en effet, s'il en résulte que les droits des Français à l'étranger varieront par contre coup comme il plaira au législateur du pays co-contractant, on trouve, dans l'intérêt même que celui-ci porte au commerce et à l'industrie de sa patrie, la certitude que la protection de la propriété industrielle ne deviendra jamais illusoire. D'ailleurs, en bonne justice, on ne saurait exiger qu'un État étranger accorde aux Français plus de droits qu'il n'en reconnaît à ses propres sujets.

On peut donc diviser les conventions diplomatiques en deux catégories : les unes, de beaucoup les plus nombreuses, rentrent dans la règle générale et stipulent simplement l'assimilation aux nationaux des sujets de chaque État signataire ; les autres, qui constituent l'exception, contiennent des garanties particulières, déterminées, formant à elles seules une législation des marques applicable aux Français à l'étranger.

Malheureusement, la forme dans laquelle sont conclues les conventions laisse beaucoup à désirer ; la plupart font corps avec les traités de commerce, et participent du caractère temporaire de ces traités ; cette façon de procéder laisse la protection de la propriété industrielle internationale dans une sorte de provisoire permanent. Un Congrès, réuni pendant l'exposition internationale de 1878, s'est ému de cet état de choses, (1) et il a émis un vœu tendant à ce qu'à l'avenir on donne aux traités

(1) Le traité franco-américain de 1869 était alors, croyons-nous, le seul traité de protection des marques indépendant d'un traité de commerce.

sur la matière une indépendance absolue. On a cherché depuis à réaliser ce vœu (1).

Une autre lacune produit des effets plus regrettables encore : sauf trois exceptions, (en comptant la Convention d'union de 1883) les traités ne s'occupent que des marques et laissent aux législations intérieures le soin de régler la protection des noms. Nous verrons jusqu'à quel point il est exact de dire, avec notre jurisprudence, que les traités sur les marques doivent, par extension, s'appliquer aux noms commerciaux, mais, même en admettant cette solution de nos tribunaux, il faut regretter qu'on n'ait pas cherché, par des stipulations expresses, à mettre le droit des étrangers sur leurs noms à l'abri de toute discussion. La Convention du 20 mars 1883 a comblé en partie cette lacune.

D'après l'article 8 de la loi organique du 16 juillet 1875, « les traités relatifs..... au droit de propriété des Français à l'étranger » ne sont définitifs qu'après avoir été votés par les deux Chambres. On a essayé de soutenir que les conventions sur la propriété industrielle ne rentraient pas dans les cas prévus par ces expressions de la loi (Bozérian, *Régime international des marques de fabrique* 1880 p. 3) mais les travaux préparatoires

---

(1) A notre connaissance la France a conclu depuis cette époque les conventions suivantes indépendantes d'un traité de commerce : avec le Vénézuela, 3 mai 1879 ; avec le Luxembourg, 27 mars 1880 ; avec le Danemark, 7 avril 1880 ; avec la Suisse 23 février 1882 ; avec la Belgique, 31 octobre 1881. Cette dernière convention contient, en outre des dispositions relatives à la propriété littéraire et artistique. A ces traités bilatéraux il faut enfin ajouter la convention d'Union du 20 mars 1883.

de la Constitution ne laissent aucun doute sérieux à
cet égard.

Néanmoins deux déclarations de ce genre, l'une entre
la France et le Brésil, du 16 avril 1876, et l'autre entre
la France et l'Espagne du 19 juillet de là même année,
ne furent pas soumises à l'approbation du parlement français. En résultait-il qu'elles étaient dépourvues de tout
effet, et que la protection devait être refusée aux États contractants, la réciprocité n'existant pas? Nullement. Les
actes promulgués irrégulièrement en France, l'avaient
été régulièrement en Espagne et au Brésil, et cette promulgation donnait force de loi aux déclarations qui accordaient aux Français la protection dans ces pays. Or,
depuis 1873, la réciprocité légale suffit pour fonder en
France les droits de l'étranger. En considérant comme
nulle et non avenue la promulgation inconstitutionnelle
faite en France, les étrangers en question pouvaient
néanmoins y réclamer le bénéfice de la loi de 1857 par
application de l'article 9 de la loi de 1873 (1).

Cette question a, du reste, perdu son importance pratique, depuis le renouvellement et l'approbation par les
chambres des conventions avec l'Espagne et le Brésil
(1882).

(1) Lire dans *le Droit* du 26 mai 1880 un article en ce sens de M. Renault,
Voir aussi *Journal de Droit international privé* de 1879 (art. de M. Clunet)

CHAPITRE PREMIER.

Nous examinons sous cette rubrique à quelles personnes et dans les limites de quels territoires les conventions doivent recevoir leur application, quelles circonstances peuvent abréger la durée qu'on leur avait assignée, et quelles sont exactement les matières qu'elles régissent :

1° *Étendue d'application* ratione personarum.

Une convention de réciprocité est conclue entre la France et un État étranger : quelles sont les personnes qui pourront l'invoquer ? Si l'on consulte le texte même des traités, ils disent en général, que les *nationaux* de chacun des États jouiront dans l'autre des droits qu'il reconnaît à ses propres sujets.

Exemples : traité avec l'Angleterre (1882) : les ressortissants de chacune, etc. ; art. 10, — traité avec l'Espagne (1882) art. 8 : les nationaux de chacune, — avec le Portugal (1881) art. 7 : les Français et les Portugais, — avec la Suède et la Norwège (1881) art. 13 : Les Français en

Suède et Norwège et réciproquement les Suédois et les
Norwégiens en France, — avec l'Autriche, (1884) art. 2.
mêmes expressions, — avec la Suisse, (1882) art. 1er : les
citoyens de chacun des deux États, — avec la Belgique
art. 14 : les Français en Belgique et réciproquement les
Belges en France, — avec le Venezuéla (1879) art. 1er :
les sujets........, — avec le Luxembourg (1880) art 1er :
les Français...

A ne consulter que ces textes il semblerait que les
nationaux de chaque pays contractant pourraient invoquer le traité, quel que fût le lieu de leur établissement,
et que les avantages stipulés seraient réservés à eux
seuls. Quand, au contraire, on consulte les lois nationales, le doute vient sur ce point. En effet, la loi de
1857, par exemple (et, nous l'avons vu, beaucoup d'autres ont suivi le même système), n'accorde pas sa
protection aux Français établis dans un pays qui ne
protège pas nos marques ; si une convention est conclue avec la Belgique, peut-on admettre qu'elle ait eu
pour but d'accorder le droit d'invoquer la loi belge
à ceux de nos nationaux qui, eu égard à la législation des pays où ils exploitent, ne sont même pas protégés en France ? ce serait exiger de la Belgique plus
que nous n'avons cru devoir faire nous-mêmes pour les
Français. A notre avis, une convention ne peut protéger
que les nationaux d'un pays dont les droits sont reconnus dans ce pays même. N'est-il pas possible de dire,
en effet, qu'au point de vue de la loi des marques les

Français établis à l'étranger sont réellement étrangers, puisqu'en France on les assimile aux sujets des États de leur établissement.

Dans tous les pays où le principe de notre article 6 a été adopté, il faudra raisonner de même. Pour ceux au contraire qui, comme l'Angleterre et le Portugal, accordent le bénéfice de leur loi à tous leurs nationaux sans s'inquiéter de savoir où sont situés leurs établissements, on devra admettre que la nationalité suffit pour leur donner droit à l'assimilation aux Français en vertu du traité.

Si tous les nationaux d'un État n'ont pas toujours le droit d'invoquer le traité qu'il a conclu, les étrangers établis dans cet État ne peuvent-ils pas, en revanche, se réclamer de ce traité? Cela est vrai pour la France et pour tous les pays qui ont adopté les termes de notre article 6. En effet, d'après cet article : « les étrangers dont « les établissements sont situés hors de France jouis- « sent......... si dans les pays où ils sont situés les con- « ventions diplomatiques ont établi la réciprocité pour « les marques françaises. » Il n'est donc pas nécessaire que le pays auquel appartient un étranger par sa nationalité ait conclu un traité avec la France, pour qu'il puisse déposer sa marque dans notre pays, il suffit que la réciprocité existe avec l'État dans lequel il est établi.

En combinant les deux principes que nous venons d'examiner, on aboutit aux résultats suivants : deux traités ont été conclus par la France, l'un avec la Belgique, l'autre avec la Suisse, par exemple : les Belges établis en Suisse seront régis par le traité franco-suisse ; les Suisses établis en Belgique par le traité franco-belge. C'est la conséquence du point de vue où s'est placé le législateur de 1857 : pour lui, la marque a la nationalité du pays de l'établissement.

2° Étendue d'application ratione loci.

Les traités conclus pour la protection des marques s'appliquent-ils aux colonies de chaque État contractant ? La Cour de Paris, dans un arrêt du 4 juillet 1879, (Pataille 1880, p. 247) semble admettre qu'une clause formelle est nécessaire pour permettre aux industriels des colonies d'un État d'invoquer la convention dans l'autre État. Il s'agissait, dans l'espèce, d'un fabricant de cigares de la Havane poursuivant en France des commerçants qui se servaient de sa marque. La Cour déclara l'action non recevable, en se fondant sur ce que le traité franco-espagnol ne mentionnait pas qu'il fût applicable à l'île de Cuba.

Il y a là, ce nous semble, une rigueur excessive d'interprétation ; grâce à la stipulation qui assimile aux nationaux les sujets du pays co-contractant, nous croyons que le traité doit s'appliquer à tous les territoires où la loi des marques de chaque pays est en vigueur. Ainsi notre loi de 1857 est applicable à l'Algérie ; tous les traités conclus avec la France doivent assurer la protection aux étrangers en Algérie, autrement il ne serait pas vrai de dire qu'au regard de notre loi française ils sont traités comme des nationaux ; de même, par réciprocité indirecte, les Algériens doivent être protégés dans les États parties au traité.

3° Étendue d'application ratione temporis.

La majorité des conventions diplomatiques protectrices des marques forment, nous l'avons dit, un ou plusieurs articles des traités de commerce. Leur durée est donc celle que stipulent ces traités, elles sont dénoncées avec eux, renouvelées avec eux (1).

A quel moment ces conventions commencent-elles à recevoir leur application ? Il est certain que le dépôt, fait avant l'existence de l'accord international, est nul et doit être renouvelé si, par la suite, l'accord est conclu. Mais on a émis des doutes sur l'époque exacte où le traité devait être réputé existant et pouvait conférer le droit d'opérer l'enregistrement. M. Pouillet, n° 333, pense que, dès que le traité est signé, le dépôt est possible et pourra justifier régulièrement les poursuites pour actes commis après la promulgation de la convention. Cette opinion ne nous parait pas exacte : tant que la promul-

(1) Celles qui ne font pas partie d'un traité de commerce sont conclues pour un temps déterminé (correspondant en général à la durée du traité de commerce qui lie la France au pays contractant). Une disposition spéciale décide qu'elles resteront en vigueur d'année en année par tacite reconduction jusqu'à l'expiration d'un an après la dénonciation de la part d'une des parties. La dénonciation du traité de commerce n'entraine pas alors la dénonciation de la convention. (Ex : art. 16, traité franco-belge ; art. 25, traité franco-suisse).

gation n'a pas eu lieu, le traité n'est pas réputé connu, le droit de l'étranger n'existe pas officiellement; comment l'enregistrement pourrait-il conserver un droit avant la naissance même de ce droit? (trib. correct. de la Seine, 13 août 1877, Pat. 75, p. 337).

Il peut arriver que la protection, même sans que le traité ait été dénoncé, ne dure pas le temps fixé par les négociateurs. Cela se produira quand le traité aura été conclu sur la base de l'assimilation aux nationaux, si la loi nationale vient à être abrogée purement et simplement dans un État co-signataire. Alors en effet, les ressortissants du pays de l'abrogation cessant d'être protégés, la réciprocité exigée par la loi de 1857 (art 6) n'existe plus, et le traité conclu devient lettre morte.

Il n'en serait pas de même si, au lieu de décider simplement que les sujets des deux pays seraient traités réciproquement dans chaque État comme les nationaux, la convention avait stipulé des garanties précises. La question s'est présentée lors de la déclaration d'inconstitutionnalité de la loi des États-Unis. Le traité franco-américain (16 avril 1869) stipulait que les Français pourraient exercer une action en dommages-intérêts en Amérique pour la protection de leurs marques.

L'abrogation de la loi déclarée inconstitutionnelle faisait bien perdre aux Français le droit qu'elle édictait, mais elle ne pouvait avoir pour effet d'infirmer un engagement formel contenu dans un acte bilatéral, une partie ne pouvant se délier par sa seule volonté.

Les Français conservaient donc le droit d'exercer une action en dommages-intérêts en Amérique.

Dans l'espèce, il y avait encore une autre raison pour que le traité reçût application même après la loi abrogée : c'est qu'il avait été conclu avant la promulgation de cette loi de 1870, alors qu'aucune disposition fédérale ne protégeait les marques aux États-Unis. Rédigé pour se suffire à lui-même, il ne devenait pas caduc par suite de la déclaration d'inconstitutionnalité ; promulguée, la loi avait augmenté les avantages qu'il stipulait, abrogée, elle laissait intactes les garanties promises en 1869.

Les traités de ce genre sont très rares, nous le savons, par la raison qu'on ne peut guère demander à un État étranger de faire pour les sujets d'un autre État plus qu'il ne fait lui-même pour les siens. Aussi n'ont-ils été conclus qu'avec des pays ne possédant pas encore de législation sur les marques mais disposés a en avoir bientôt une. Ce sont en quelque sorte des traités d'attente.

Un traité franco-suisse du 30 juin 1864 fut conclu dans ces conditions : il permettait aux citoyens français de faire protéger leurs marques en Suisse alors que les Suisses eux-mêmes n'y jouissaient pas de ce droit.

Cette situation avait nécessité la stipulation de dispositions spéciales applicables aux Français. Le dépôt leur était permis moyennant acquittement d'un droit de 5 francs, et il était valable pour quinze ans.

Le 19 janvier 1879, la loi fédérale fut promulguée. Elle

exigeait pour les déposants nationaux qu'ils fournissent un cliché de la marque et payassent un droit de 20 francs. Les Français continuèrent néanmoins à faire enregistrer sans fournir de cliché et en payant seulement 5 francs. En 1882 (23 février) la convention franco-suisse fut renouvelée. La Suisse possédant désormais une législation des marques, on se contenta de stipuler l'assimilation des Français aux Suisses. On ne fit aucune mention des marques déposées avant le 13 mai 1882, (date de l'entrée en vigueur du traité). Ces marques devaient-elles être enregistrées à nouveau en se conformant aux formalités prescrites par la nouvelle loi suisse, ou bien restaient-elles protégées de plein droit ?

Un jugement du tribunal fédéral trancha la question. Trois jours avant l'entrée en vigueur de la convention de 1882, le 13 mai, une maison française M. déposa sa marque conformément aux dispositions de la convention de 1864. Elle intenta ensuite une action en contrefaçon contre une maison L. devant le tribunal de première instance de Zurich. Le tribunal constata l'existence du délit, et condamna L. Celui-ci interjeta appel et fut acquitté par la cour du canton. Cette décision était motivée sur ce que les prétendus faits de contrefaçon ne pouvaient être jugés que d'après la convention du 23 février 1882, laquelle ne prévoyait en aucune manière la continuation des effets de celle de 1864. Or, la première subordonne la protection des marques françaises à l'accomplissement des formalités prescrites par la loi

suisse, formalités qui n'ont pas été observées par la maison M. Celle-ci, ayant opéré le dépôt de sa marque dans les formes prévues par la convention expirée le 15 mai 1882, a perdu depuis cette date tout droit à la protection légale. La maison M. porta la cause devant le tribunal fédéral, en disant que la loi de 1882 s'appliquait bien à la fixation des pénalités, mais non aux formalités requises pour la régularité du dépôt, et que la conclusion d'une convention ultérieure ne saurait avoir pour effet de rendre nuls les dépôts fait sous l'empire de l'ancienne convention. Par arrêt du 9 octobre 1885 le tribunal fédéral déclara le recours non fondé. Pour le tribunal, l'assimilation des Français aux Suisses, prononcée par la convention de 1882, avait pour effet de faire dépendre d'une façon absolue la protection des marques françaises de l'accomplissement des formalités prescrites par la loi fédérale : « Quand, dans une con-
« vention internationale, dit-il en substance, la pro-
« tection d'un droit est subordonnée pour l'avenir à
« des conditions nouvelles et notamment à des condi-
« tions plus onéreuses que les précédentes, il convient
« d'admettre, en cas de doute, et dans l'absence d'une
« volonté contraire de la part des États contractants,
« que les nouvelles conditions attachées à la protection
« internationale doivent être observées d'une manière
« absolue. »

Cette interprétation était certainement contraire aux intentions des négociateurs de 1882 ; quoi qu'en dise le tribunal fédéral, en l'absence d'une volonté formellement exprimée, on doit toujours supposer qu'une loi (et partant une convention diplomatique, qui n'est, après tout, qu'une loi dans chaque État contractant) ne porte pas atteinte aux droits acquis avant sa promulgation. Or, jusqu'à l'entrée en vigueur de la convention de 1882, la loi suisse de 1879 n'existant pas au regard des Français ; ceux-ci, en remplissant les formalités prescrites par le traité de 1864, avaient acquis le droit à la protection en Suisse pendant quinze ans. En prenant pour l'avenir l'engagement de garantir les marques aux conditions stipulées par la loi de 1879, la Suisse ne se trouvait pas dégagée implicitement des obligations qu'elle avait contractées en 1864; le traité ne pouvait avoir d'effet que pour l'avenir.

Un assez grand nombre de marques françaises se trouvaient dans les mêmes conditions que celle de la maison M. et l'interprétation du tribunal fédéral mettait en question leur protection. Le gouvernement français s'en émut, et des négociations furent entamées avec le Conseil fédéral suisse. Ces négociations aboutirent à une convention interprétative signée le 27 janvier 1887 et contenant la déclaration suivante :

« Il est entendu que les marques déposées dans l'un
« et l'autre pays en vertu de la convention du 30 juin
« 1864, jouiront jusqu'à l'expiration du terme de 15
« années à partir du dépôt effectué, de la protection que
« la législation du pays respectif accorde ou accordera

« par la suite aux marques indigènes sans qu'il y ait
« obligation de faire un nouveau dépôt. »

4° *Étendue d'application* ratione materiæ.

Nous avons dit que les conventions ne s'occupaient
ordinairement que des marques emblématiques et pas-
saient sous silence le nom commercial. Deux traités
bilatéraux seulement font exception à cette règle : le
traité du 23 février 1882 avec la Suisse, et le traité
avec la Grande-Bretagne du 28 du même mois.

En l'absence d'une disposition formelle, notre jurisprudence croit devoir appliquer par extension aux noms
les conventions conclues seulement pour les marques
(Paris 10 juillet 1868 ; Pat. 1870, p. 179 ; Paris 8 nov.
1875 et 26 mai 1876 ; Pat. 1876, p 72. 170 et 306. Cft.
Sirey, 1878-2-89, note).

Cette solution a été critiquée à juste titre. Le droit
sur la marque et le droit sur le nom sont deux choses
bien distinctes au regard de la loi française, leur exercice est réglé d'une façon toute différente ; pour la marque, il est nécessaire d'effectuer le dépôt si l'on veut
obtenir le bénéfice de la loi de 1857 ; pour le nom rien
de semblable. Quant aux droits reconnus aux étrangers surtout, les principes sont divergents : établis en
France, ceux-ci sont assimilés aux Français en vertu
de la loi de 1857 ; au regard de la loi de 1824 au contraire, d'après la jurisprudence elle-même, cette circonstance ne suffit pas pour fonder le droit. Si cette exten-

sion au nom des avantages stipulés pour les marques était aussi évidente que paraît le penser la jurisprudence en ne donnant pas de motifs pour la justifier, pourquoi aurait-on jugé nécessaire de parler du nom dans les conventions les plus récentes ?

Dans l'espèce de l'arrêt de 1876, il était d'ailleurs inutile de recourir à l'interprétation extensive des traités des marques pour reconnaître aux étrangers en cause le droit de défendre leurs noms en France. Ces étrangers étaient des Anglais, et nous savons qu'en Angleterre les noms commerciaux sont, depuis longtemps, protégés sans distinction de nationalité. La réciprocité légale suffisant pour garantir en France les droits des Anglais sur leurs noms, depuis la promulgation de notre loi de 1873, la décision de l'arrêt était donc très justifiable à ce point de vue.

La jurisprudence belge ne se trouvait pas sur ce point en face des mêmes difficultés que nos tribunaux français; elle n'a jamais, comme eux, refusé d'appliquer la loi sur les noms aux étrangers, (art 191 du Code pénal). Aussi n'a-t-elle pas eu besoin de chercher (comme on y était contraint en France en 1868) dans les traités sur les marques, les moyens de les protéger. Pour elle, ces traités n'ont pas d'application aux noms. (Pasicrisie 1876, 2, 267).

La jurisprudence allemande semble aussi reconnaître que la réciprocité diplomatique en matière de marques n'implique pas la protection respective des noms, car elle a cherché dans le traité du 2 août 1862 un texte pour justifier le droit du fabricant français d'agir en Allemagne contre l'usurpateur de son nom. Elle a trouvé ce texte dans l'article 28, aux termes duquel les sujets de chacun des deux États contractants jouissent dans les États de l'autre de la protection accordée aux nationaux, non-seulement pour les marques de fabrique, mais encore pour la *désignation* et *l'étiquetage* de leurs marchandises. (Reichsgericht. 1er Ch. crim. Arrêt du 15 janvier 1885. V. *Journal de droit international privé* 1886, p. 729.)

CHAPITRE II

CONDITIONS DE LA PROTECTION

La plupart des questions que nous allons examiner se poseraient également en cas de réciprocité légale, mais, comme cette réciprocité n'a pas d'applications en fait, nous avons voulu les étudier à la place qu'elles occupent dans la pratique, c'est-à-dire dans la matière du régime conventionnel.

D'après les termes des traités, les étrangers des pays signataires sont assimilés aux Français. Quand ils voudront obtenir la protection de leurs marques, il leur faudra donc remplir les conditions exigées des Français eux-mêmes par la loi de 1857. Mais, par le seul fait que la marque appartient à un établissement situé hors de France, certaines questions se posent qu'on ne rencontrerait pas s'il s'agissait seulement d'une marque française. Elles ont rapport soit au caractère distinctif, (à la nouveauté si l'on veut, et ce sont alors des questions relatives aux conditions de fond que doit remplir la marque) soit à l'aspect des signes employés, soit aux formalités destinées à assurer la protection.

1° Conditions de fond.

Pour constituer un droit privatif, une marque française doit se distinguer de toutes celles en usage au moment où on l'adopte. Il faut qu'elle ne puisse se confondre ni avec les marques objets d'un droit exclusif, ni avec celles dont l'usage est permis à tout le monde, c'est-à-dire qui sont dans le domaine public. Il en faut conclure naturellement qu'un étranger ne pourra déposer valablement en France une marque appartenant à un Français ou d'un usage commun dans notre pays.

Mais que dire des marques tombées dans le domaine public, non plus en France, mais dans le pays d'origine de cet étranger? Précisons bien la question : nous supposons que le signe dont il s'agit était, par lui-même, susceptible d'être employé comme marque d'après la loi étrangère, mais son créateur en a perdu la propriété exclusive en le laissant employer impunément par d'autres. Dans ce cas, il ne saurait y avoir de doute, à notre avis : la marque n'est plus dans le patrimoine de personne, puisque tout le monde peut s'en servir à l'étranger, dès lors, ni son premier possesseur, ni aucun de ses compatriotes ne peut revendiquer en France un bien devenu *res communis*. Le signe a perdu son caractère distinctif, et son dépôt en France ne pourrait avoir pour but que de constituer, au profit de celui qui le ferait, un monopole injustifiable d'importation : il serait la légitimation d'une véritable concurrence déloyale.

Comme le dit M. Pouillet (n° 333 bis), l'effet des traités est de « supprimer les barrières entre les « pays contractants », de confondre pour ainsi dire le domaine public de l'un et de l'autre. Nous ne permettrions pas, même à un Français, de déposer cette marque, personne ne s'en fût-il encore servi en France. (Sic, Paris 9 août 1881, Pat. 1881, p. 290. Contra Lyon 1er juillet 1885, Pat. 1885, p. 339. Voir la note au bas de cet arrêt).

D'ailleurs, la plupart des traités stipulent formellement qu'une marque, tombée dans le domaine public dans le pays d'origine, ne pourra être valablement déposée dans l'autre pays. (Exemples : Traité franco-belge du 31 octobre 1881, art. 4 ; Traité franco-espagnol du 6 février 1882, art. 7 ; Traité franco-suédois du 30 décembre 1881, art. 1er).

Un étranger se servait d'une marque avant le traité de réciprocité ; cette marque a été usurpée en France, le traité survient, l'étranger peut-il alors déposer valablement et poursuivre en vertu du dépôt les contrefaçons qui se produiraient ultérieurement ?

Nous avons décidé, dans notre première partie, que le propriétaire d'une marque étrangère, même en l'absence de réciprocité, pouvait défendre son droit en France en vertu de l'article 1382 du Code civil ; partant de là, s'il a négligé de se servir de cette arme, sa marque est tombée en France dans le domaine public, et, quoiqu'il arrive, n'y pourra plus être déposée valablement.

Mais nous savons que la jurisprudence n'a pas reconnu à l'étranger l'exercice de l'action en concurrence déloyale ; pour elle, il n'a aucun droit, il doit assister, pieds et poings liés, à la violation impunie de sa propriété. La même jurisprudence n'en décide pas moins que la marque ainsi usurpée tombe dans le domaine public, et que le traité ne saurait avoir pour effet de permettre son dépôt et sa revendication.

Nous ne pouvons admettre cette solution : en refusant au propriétaire de la marque toute action pour se défendre, la jurisprudence lui a ôté le moyen d'empêcher l'attribution au domaine public. Sur quoi fonde-t-on, en principe, le droit du domaine public ? Sur la présomption d'abandon de la part du propriétaire. Quand celui-ci est dépourvu de toute arme contre les usurpateurs, comment peut-on donner à son inaction le sens d'une renonciation ? On dit, en matière de prescription : *contra non valentem agere non currit præscriptio*. Cette maxime n'a-t-elle pas ici une application aussi justifiable ? Comme l'a dit M. l'avocat général Bédarride devant la Cour de cassation, « la jurisprudence a bien « pu consacrer l'impunité, mais non la propriété de ceux « qui usurpaient les marques étrangères. »

L'effet du traité est le même que celui qu'on accorde à une loi pénale qualifiant délit un fait antérieurement permis : ceux qui ont accompli ce fait avant la promulgation sont à l'abri de toute poursuite, mais, qu'ils ne s'avisent pas de le recommencer après la mise en vigueur de la loi ! le temps de l'impunité est passé. En permettant à l'étranger d'opérer le dépôt après le traité, loin de méconnaître le principe de non rétroactivité des lois, comme le prétendent les arrêts, on l'applique au contraire strictement (1).

Les tribunaux italiens et les tribunaux anglais se sont montrés plus libéraux que les nôtres. Mais il faut remarquer que, les lois actuelles de ces pays protégeant les marques étrangères indépendamment de toute réciprocité, la question ne peut se poser que pour les marques usurpées avant leur promulgation (Cass. Turin, 3 mars 1880 ; J. D. I. P. 1883, p. 93 ; Angleterre Haute Cour Div. de Chancellerie, 1er juillet 1884, J. D. I. P. 1886).

La théorie de la jurisprudence d'après laquelle, en l'absence de traité, l'étranger n'a aucune action en France et perd définitivement le droit à la protection pourrait, poussée jusqu'à ses dernières limites, aboutir à une véritable iniquité. Supposons que, profitant de cette jurisprudence, un Français ait déposé une

(1) V. Dans ce sens : Trib. corr. Seine 26 janvier 1864. Pat. 1864 p. 212 ; Contra Paris 1863 et Cass., rejet 30 avril 1864, Pat. 1864 p. 197 ; Paris, 29 avril 1864 et Cass., rejet 4 février 1865, Pat. 1865 p. 81 ; Paris, 20 décembre 1878, Pat. 1878 p. 337 ; Cass., 13 janvier 1880. Dal. 80, 1, p. 225 ; Cass., 30 juillet 1884. Dal. 85, 1, p. 448 ; Paris, 27 janvier 1886. J. D. I. P. 1886, p. 449. La plupart des auteurs se prononcent dans le sens de l'opinion que nous avons défendue : (V. Pouillet no 336. L. Renault, Sirey, 1880, 2, p. 113 ; Rendu, *Code de la propriété industrielle,* marques de fabrique no 282. Bédarride, Pat. 64, p. 208 ; Calmels no 238 ; Ruben de Couder no 120).

marque étrangère ; si le créateur de cette marque introduit chez nous les produits qui en sont revêtus, il pourra être poursuivi comme contrefacteur. C'est, croyons-nous, pour éviter ces résultats, que, dans le traité entre la France et les États du Zollwerein (2 août 1862), on inséra la disposition suivante : (Article 28 § 2.)

« Il n'y aura lieu à aucune poursuite à raison de l'emploi
« dans l'un des deux pays des marques de fabrique de
« l'autre, lorsque la création de ces marques dans le
« pays de provenance des produits remontera à une
« époque antérieure à l'appropriation de ces marques
« par dépôt ou autrement dans le pays d'importation. »

Cette disposition, il faut l'avouer, manque absolument de clarté. M. Pouyer-Quertier en a dit (Séance du Corps législatif du 19 juin 1865) que c'était une traduction allemande à laquelle on avait voulu, sans doute, conserver toute sa couleur locale. Néanmoins elle n'est pas incompréhensible, si l'on s'aide pour l'interpréter des négociations qui motivèrent sa rédaction. M. Forcade de la Roquette a donné sur ce sujet des renseignements précieux, dans la séance du Corps législatif que nous avons indiquée : « Ce paragraphe
« a été introduit sur la demande des plénipoten-
« tiaires prussiens, dit-il ; ils alléguaient qu'un certain
« nombre de manufacturiers français avaient imité
« les marques allemandes. Ils craignaient que ces imi-
« tateurs français n'eussent fait en France le dépôt de
« ces marques allemandes pour se les approprier, et s'en

« assurer la jouissance exclusive vis-à-vis des autres
« Français. Ils se demandaient si l'imitateur français,
« se prévalant du fait du dépôt en France de la marque
« usurpée, n'élèverait pas la prétention d'interdire le ter-
« ritoire français aux produits du fabricant allemand
« propriétaire originaire de la marque. Nos plénipoten-
« tiaires faisaient observer que cette crainte était sans
« fondement, que, dans une situation semblable, nos tri-
« bunaux reconnaîtraient que la marque était d'origine
« allemande, et que le dépôt fait par l'imitateur ne pou-
« vait préjudicier aux droits de l'inventeur. Les plé-
« nipotentiaires allemands ayant persisté dans leur de-
« mande, dont on pouvait contester l'utilité, mais non
« la justesse, le § 2 a été ajouté à cet article 28. »

Les explications qu'a données le gouvernement prussien sur cette dispositon sont identiques, et cette interprétation a été admise par la commission française chargée
d'examiner le traité. (*Officiel* 20 juin 1865, p. 857). Ainsi,
le but du traité est d'empêcher les usupateurs d'avant
sa mise en vigueur de poursuivre les véritables créa-
teurs de la marque (1).

Le paragraphe en question exige seulement que la
marque ait été créée dans le pays d'origine avant
l'appropriation dans le pays d'importation. Néanmoins
un arrêt de la cour de Paris du 12 juillet 1878 (Pat,

___

(1) Voir en ce sens un article de M. Julien Brégeault J. D. I. P. 1879
p. 359. Sic Cass., 31 août 1880, Sirey 82, 1, 453, et la note. Voir aussi dans
la même affaire T. civ. Seine, 4 mai 1877, Paris 12 juillet 1878. Pat. 1878,
p. 18.

79, p. 18) déclare qu'un Allemand inventeur de la marque ne peut invoquer le § 2 de l'article 28 si, à l'époque
où celle-ci a été employée en France, il n'avait pas la
possession légitime en Allemagne. C'est ajouter au
texte pour restreindre les droits du créateur, et, de plus,
c'est exiger du commerçant allemand une preuve qu'il
lui est impossible de fournir. En effet, avant la loi de
1874, la formalité de l'enregistrement était inconnue en
Allemagne, l'intention des négociateurs de 1862 n'avait
donc pu être d'exiger la preuve d'un dépôt.

Un arrêt de la cour de Paris du 20 décembre 1878
(Pat. 78, p. 337) donne au § 2 de l'article 28 une autre
interprétation. D'après cet arrêt, il faudrait entendre ce
passage en ce sens que le premier inventeur de la marque
ne pourrait poursuivre les contrefacteurs dans l'autre
pays si, dès avant le traité, cette marque y était tombée
dans le domaine public. La Cour de Paris a, sans doute,
cru trouver dans cet article obscur une base nouvelle à
la théorie de la jurisprudence que nous avons combattue
tout à l'heure, mais il faut avouer que rien dans le texte
ne peut excuser cette interprétation.

Un traité du 11 mars 1866, entre la Belgique et la Saxe,
contenait un article conçu dans les mêmes termes que
notre article 28 §2. La Cour de Bruxelles lui a donné
l'interprétation que nous avons adoptée. (8 nov. 1875.
Pas. Belg. 76, 2, 23).

2° *Conditions d'aspect de la marque.*

L'article premier de notre loi de 1857 est conçu dans les termes les plus larges, au point de vue des signes susceptibles d'être adoptés comme marques.

Art. 1er. — « Sont considérés comme marques de fabri-« que ou de commerce les noms sous une forme distinc-« tive, les dénominations, emblèmes, empreintes, tim-« bres, cachets, lettres, chiffres, enveloppes, et tous « autres signes servant à distinguer les produits d'une « fabrique ou les objets d'un commerce. »

Il s'en faut de beaucoup que toutes les législations aient adopté un système aussi favorable aux intéressés. (1) Beaucoup d'entre elles prohibent l'emploi des armoiries et insignes de l'autorité publique. (Loi suisse, art. 4 ; loi portugaise, art. 1er ; loi autrichienne, art. 3 ; loi espagnole, art. 7 ; loi hollandaise, art 1er ; loi anglaise, art. 105) (2). Dans un nombre aussi considérable de pays, les signes consistant simplement en lettres, chiffres et mots, ne peuvent être enregistrés valablement. Il en est ainsi en Allemagne (art. 10) en Angleterre (art. 64) en Autriche (art. 3), en Suisse (art. 4) en Danemarck, (art. 6), en Hollande, (art 1er). En Allemagne, un certain nombre de signes sont considérés par la jurisprudence comme appartenant au

---

(1) Ont adopté le système de notre art. 1er : la Roumanie, la Belgique, le Luxembourg, la Turquie, le Canada, la République argentine.

(2) L'article 106 de l'act de 1883 va même jusqu'à punir d'une amende de 5 livres celui qui, sans autorisation, se sert des armoiries royales ou d'autres leur ressemblant assez pour qu'il puisse y avoir un calcul destiné à tromper.

domaine public, et ne peuvent être employés exclusivement par personne. On les désigne sous le nom de *Freizeischen* ; ce sont : le coq, la couronne, l'hameçon, l'épée, le soleil, la lune et les étoiles.

Pour pouvoir être employée dans tous les pays avec la protection des lois, une marque devrait, quant à son aspect, satisfaire aux exigences de toutes les législations. Mais cela est bien difficile. Au moment où un fabricant ou un commerçant fait le dépôt en France, il ignore souvent dans quels pays ses produits trouveront faveur auprès du consommateur; quelquefois c'est après réputation acquise dans son pays qu'il entreprend de faire le commerce d'exportation. Dans ce dernier cas, si la marque déposée ne répond pas aux conditions d'aspect exigées par la loi du pays où ses produits doivent être introduits, il sera dans l'obligation de déposer une marque spéciale dans ce pays, ce qui lui causera un tort considérable, sa marque française étant seule connue jusqu'à ce jour, — ou bien il devra changer sa marque même en France, pour conserver à ses marchandises leur unité d'aspect. De toute façon il y aura pour lui perte de réputation acquise.

Pour éviter ces inconvénients, diverses conventions ont stipulé que la marque, valablement enregistrée dans un des pays contractants, serait admise telle quelle au dépôt dans l'autre. La première disposition de ce genre a été insérée dans une convention entre la Belgique et l'Italie du 28 mai 1872. On a obtenu que le même

principe fût consacré dans nos relations avec la Belgique :
(Article additionnel à la convention du 1er mai 1861,
signé à Bruxelles le 7 février 1874.)

« Les marques de fabrique auxquelles s'appliquent
« les articles 15 et 16 de la Convention du 1er mai 1861
« sont celles qui, dans les deux pays, sont légitime-
« ment acquises aux industriels et négociants qui en
« usent, c'est-à-dire que le caractère d'une marque de
« fabrique belge doit être jugé d'après la loi belge, de
« même que celui d'une marque française doit être ap-
« précié d'après la loi française. »

Une disposition analogue fut introduite la même année dans une convention avec l'Italie, et, en 1877, dans
un traité additionnel avec la Russie. Ce dernier traité
était d'autant plus important que les tribunaux russes
exigeaient que toute marque fût écrite en langue russe,
ce qui rendait impossible l'importation des marques
contenant des indications en français.

Depuis, la clause est, pour ainsi dire, de style ; elle
a été admise dans le traité franco-belge du 31 octobre
1881 (art. 15) et dans ceux conclus avec l'Espagne
(6 février 1882, art. 8 § 1er) ; avec la Suède (30 déc. 1881,
art. 14) ; avec la Suisse (22 février 1882, art. 2).

La jurisprudence allemande, même en l'absence de
traité, a admis la même théorie. (Leipzig. aff. Arms-
trong, Pat. 1880, p. 286).

A défaut d'une clause semblable, la diversité des législations sur l'aspect des signes n'aurait pas seulement

pour effet d'empêcher certaines marques françaises d'être valables à l'étranger, elle aboutirait logiquement à accorder aux étrangers des pays à législations restrictives plus de droits en France qu'ils n'en ont dans leurs pays. En effet, étant assimilés aux Français d'après les traités, ils ont le droit de déposer chez nous les mêmes signes que nos compatriotes. Nous avons dit que la législation anglaise ne permet pas d'acquérir par dépôt un droit exclusif sur un signe composé uniquement d'un mot. Malgré cela un Anglais, se fondant sur le traité qui lui accorde en France tous les droits reconnus aux Français par la loi de 1857, pourrait déposer au greffe du tribunal civil de la Seine une marque consistant dans une dénomination de produit (1).

Mais il ne faudrait pas exagérer la portée de ce principe : si, au moment où le dépôt est opéré en France, le signe était déjà employé couramment en Angleterre, il aurait perdu, même au regard de la loi française, son caractère distinctif, et ne pourrait faire l'objet d'un droit exclusif dans notre pays. En effet, si l'article 1er permet d'employer comme marque les mots... chiffres et *signes quelconques*, il exige avant tout que ces signes puissent *servir à distinguer* les produits du déposant. Dès l'instant que d'autres que lui les emploient, ils deviennent insuffisants pour spécialiser les marchandises et ne peuvent faire l'objet d'un droit exclusif.

(1) C'est la thèse qu'a soutenue M. Bozérian à propos de l'arrêt sur le *linoleum* que nous citons plus bas.

C'est ce qu'ont décidé la Cour de cassation dans un arrêt de rejet du 21 mai 1874 (Pat. 74 p. 153) et la Cour de Paris le 19 août 1881 (Pat. 81, 289).

On a, croyons nous, exagéré la portée de ces arrêts, en prétendant qu'il résulte de leurs motifs qu'une marque étrangère doit être déposée dans le pays d'origine avant d'être admise à l'enregistrement en France (1). Les termes des arrêts n'autorisent vraiment pas cette conclusion absolue.

A notre avis, il n'en faut même pas conclure que les signes déposés en France doivent, en l'absence d'une clause formelle des traités, satisfaire aux *exigences de la loi du pays d'origine*. Dans les espèces sur lesquelles il a été statué, on avait constaté qu'en fait les signes présentés à l'enregistrement en France étaient, dès cette époque, tombés dans le domaine public en Angleterre. Dès lors, même pour les Français, ces signes ne pouvaient plus être employés comme marques. C'est ce que dit formellement l'arrêt de cassation : « attendu que le Français ne peut revendiquer « la propriété exclusive de la marque qu'il a déposée « qu'autant qu'elle n'est pas tombée dans le domaine « public en France, qu'il ne peut davantage acquérir « dans son pays cette propriété exclusive d'une marque « tombée dans le domaine public en Angleterre, sous « peine de méconnaître les règles de la réciprocité et de

(1) Voir Darras, *Nouveau traité des marques de fabrique et de commerce* pp. 46 et suivantes.

« faire une concurrence déloyale au commerçant anglais
« qui importerait en France un produit de même na-
« ture ; que dès lors l'Anglais ne peut pas, en faisant en
« France le dépôt prescrit par la loi, y acquérir la
« propriété exclusive d'une marque tombée dans le
« domaine public dans son propre pays, puisqu'il ne
« jouit en France que de la même protection accordée
« aux nationaux et qu'il ne peut y avoir de droits plus
« étendus......» Ainsi, loin de méconnaître les droits
qui résultent pour l'étranger de son assimilation aux
Français, cet arrêt déduit très-exactement les conséquences qui résultent de cette assimilation même.

Quant à l'arrêt de la cour de Paris, il est moins formel, il est vrai, que celui de la cour de cassation, mais
nous ne croyons pas que, dans la pensée de ses rédacteurs, il doive conduire à d'autres conséquences. Le
seul passage qui pourrait donner lieu à quelques doutes est le suivant : « attendu que le dépôt (opéré en
vertu de l'article 6 de la loi de 1857) ne peut conserver
qu'une marque étrangère opposable dans le pays d'origine des produits à ceux auxquels on entend l'opposer
en France,... »

On a vu là l'énonciation de la théorie suivante (1) :
l'article 6 ne protège que la marque étrangère, dès lors,
pour faire enregistrer valablement en France, l'étranger
doit s'être assuré la protection de sa loi nationale. Cette
théorie serait certainement fausse, car, si, dans l'article

(1) V. Darras *loco citato*.

6, la loi a parlé de la marque *étrangère*, c'est seulement pour qualifier celle qui est employée dans les établissements situés hors de France, par opposition aux marques des industriels établis sur notre territoire (art. 5); *marque étrangère* ne veut pas dire : *marque déposée à l'étranger*.

Mais telle n'est pas, nous semble-t-il, la portée des motifs de l'arrêt, autrement il faudrait avouer que l'énonciation de la théorie manquerait singulièrement de clarté. En disant que le dépôt ne peut conserver qu'une marque étrangère valable dans le pays d'origine, l'arrêt a voulu simplement traduire la pensée exprimée dans le passage de l'arrêt de cassation que nous avons cité plus haut : la marque tombée dans le domaine public en Angleterre ne peut faire l'objet d'un dépôt valable en France. La suite de l'arrêt montre bien que telle était la pensée de ses rédacteurs. En effet, que disent-ils pour faire application du principe qu'ils viennent de poser ? « Qu'il est constant que le mot « *linoleum* » n'est pas une marque de fabrique appartenant en Angleterre à la société demanderesse... ». Il avait été constaté que ce mot était dans le domaine public en Angleterre au moment du dépôt en France, c'est dans ce seul fait que la cour voit l'obstacle à la validité de la marque. Si les rédacteurs de l'arrêt avaient eu la pensée qu'on leur prête, la conclusion obligée eût été celle-ci : la loi anglaise ne permet pas de déposer valablement une marque consistant uniquement dans un mot, cette marque ne peut donc être valable en France.

Pour nous, il reste vrai qu'un étranger peut déposer chez nous un signe non admis à l'enregistrement dans son pays, pourvu qu'il ne soit pas, en fait, tombé dans le domaine public dans ce pays. Si plus tard ce signe est employé impunément par ses compatriotes, grâce à la tolérance de la loi étrangère, il n'en restera pas moins protégé en France. Une fois le dépôt opéré, la marque étrangère est exactement dans la même situation que celle d'un Français. Or, personne ne songe à déclarer que l'usurpation d'une marque française dans un pays où le dépôt n'a pas été ou ne peut pas être opéré la fait tomber, en France même, dans le domaine public. Il est vrai que le dépôt effectué en France assurera à notre étranger le monopole d'importation des produits marqués du mot en question, mais c'est là une conséquence nécessaire du conflit des législations, conséquence qui se produira tant que l'énumération des signes susceptibles de servir de marques ne sera pas la même dans tous les pays.

Pour éviter ces difficultés, certaines législations exigent que l'étranger, avant d'opérer le dépôt, prouve que sa marque est protégée dans le pays d'origine. La loi allemande (1), dans son article 20 § 2, dit : « l'inscription « devra être accompagnée de la preuve que, dans l'État

---

(1) Sur les observations du gouvernement français, qui faisait valoir l'impossibilité pour nos greffiers de certifier qu'une marque est toujours en vigueur en France, le gouvernement allemand a invité l'administration judiciaire de Leipzig à ne plus exiger la production d'un certificat constatant que les marques continuent à être protégées, et à se contenter d'un certificat de dépôt (Réponse du ministre du commerce à une lettre de la chambre de commerce de Paris du 17 juin 1883).

« étranger, le requérant a rempli les conditions tendant
« à lui assurer la protection de sa marque de fabrique »

La loi suisse impose aussi l'obligation de prouver
que la marque est suffisamment protégée dans le pays
d'origine (Argt, art. 7 : « suffisamment » protégée dans
le lieu de leur établissement).

3° *Formalités à remplir.*

Comme les Français, les étrangers d'un pays de
réciprocité doivent opérer le dépôt de leurs marques.
L'article 6 de la loi de 1857 indique que, dans ce cas,
l'enregistrement doit avoir lieu au greffe du tribunal
de commerce du département de la Seine. Les pièces
à fournir sont exactement les mêmes que pour les Français. Aux termes de l'article 7 du décret réglementaire
du 26 juillet 1858, le greffier doit enregistrer les marques sur un registre spécial, et mentionner, dans le
procès-verbal de dépôt, « le pays où est situé l'établis-
« sement industriel, commercial ou agricole du proprié-
« taire de la marque, ainsi que la convention par laquelle
« la réciprocité a été établie. »

Le dépôt sera valable pour quinze ans, d'après la loi
française, et renouvelable à l'expiration de ce délai, sans
qu'on ait à s'inquiéter de savoir à quelle époque expire
la protection à l'étranger : les dépôts sont, dans leurs
effets, indépendants les uns des autres.

La durée du droit qu'assure l'enregistrement varie beaucoup suivant les pays : En Italie, en Espagne, en Russie,

en Belgique, la propriété de la marque est perpétuelle ; en Allemagne, le dépôt doit être renouvelé au bout de dix ans, sinon tout autre que le premier déposant acquiert le droit d'employer la marque, et même de s'en assurer la propriété exclusive en la faisant enregistrer à son nom (affaire de la main noire).

La durée de la protection est, en général, de dix ou de quinze ans, dans les pays où elle n'est pas perpétuelle.

Du principe de l'indépendance des dépôts, il pourra résulter qu'un étranger sera protégé dans certains pays plus longtemps que dans son pays d'origine. Exemple : un Français qui aurait déposé sa marque en Belgique et en France le 1ᵉʳ janvier 1880, et ne l'aurait pas fait enregistrer à nouveau en 1895, perdrait à cette époque le bénéfice de la loi de 1857, tandis qu'il resterait protégé par la loi belge.

Pour éviter ces résultats bizarres, plusieurs traités ont décidé que la durée de la protection pour une marque étrangère ne pourrait dépasser celle stipulée par la loi du pays d'origine. (Traité franco-belge du 31 octobre 1881 ; traité franco-espagnol du 6 février 1882 ; traité franco-suédois du 30 décembre 1881).

Certaines lois contiennent même une disposition qui consacre ce principe : (loi allemande, article 20 § 3 ; loi danoise, article 19 § 3 ; loi norvégienne, article 15 § 3 ; loi suédoise, article 16 § 2).

Une marque a été déposée en France par un industriel ou un commerçant qui y était établi, celui-ci transporte son établissement à l'étranger, dans un pays où les marques françaises ne sont pas protégées. Il a perdu le droit d'invoquer la loi française dès l'instant de son expatriation, son dépôt n'a plus aucune valeur, il ne peut garantir un droit qui n'existe plus désormais.

S'il va s'établir dans un pays de réciprocité, le dépôt opéré lors de l'établissement en France continuera-t-il à produire ses effets, ou bien devra-t-il être renouvelé dans les termes de l'article 6 de la loi de 1857? Nous le croyons. En la personne du propriétaire de la marque, il s'est produit une sorte de transformation juridique, il a perdu le droit plus étendu que lui donnait l'article 5, pour n'acquérir en échange que celui de l'article 6. Ce droit n'est plus fondé que sur la réciprocité, il s'éteindra avec elle ; sa marque ne doit pas rester inscrite sur le registre des marques françaises, on doit la mettre à part, avec la mention des actes diplomatiques et législatifs qui déterminent sa situation juridique ; elle devra être, d'après certains traités, appréciée quant à son aspect en se conformant à la loi du pays de l'établissement. Le dépôt, qui assurait la plénitude des droits reconnus par la loi française, ne doit plus subsister, il devient un mensonge.

Si, au contraire, un étranger transporte en France son établissement autrefois situé dans un pays de réciprocité, le dépôt par lui fait en vertu de l'article 6 perdra-t-il ses effets? Nous ne le croyons pas. Loin d'être

privé d'une partie de ses droits, le propriétaire de la
marque en a, dans ce cas, acquis de nouveaux et plus
importants ; il n'y a, pas eu pour lui déchéance, mais
accroissement de droits. Néanmoins il aura intérêt à
renouveler le dépôt, car, tant qu'il n'aura pas invoqué
l'article 5 dont il peut maintenant se réclamer, sa
marque, inscrite sur le registre spécial aux étrangers,
ne vaudra que tant que durera la réciprocité.

Le 30 mai 1883, le tribunal de Lille a jugé une
affaire analogue à cette dernière espèce (Pat. 83. p.
349). Il s'agissait d'un étranger (une société) qui, conformément à l'article 6, avait fait enregistrer sa marque
au greffe du tribunal de commerce de la Seine. La
société avait ensuite fondé une succursale en France.
Le tribunal conserva au dépôt tous ses effets quant aux
produits de la succursale ; il donna pour motif de sa
décision que, « dans les circonstances présentes, la
« succursale n'avait pas d'intérêts distincts de ceux de
« l'établissement principal (sis à Bruxelles) et que les
« marques de fabrique en question, exploitées concur-
« remment en France et à l'étranger, avaient conservé
« leur caractère de marques étrangères. » Nous aurions
donné la même solution si l'établissement principal,
et non plus seulement la succursale, avait été transporté
en France ; avec cette réserve, bien entendu, que le
droit du déposant continuait à être régi par la Convention franco-belge de réciprocité.

TROISIÈME PARTIE

Convention du 20 Mars 1883

L'idée d'une entente internationale, ayant pour but l'unification des principes en matière de propriété industrielle, remonte à l'époque de la dernière exposition internationale de Vienne (1873). Un congrès d'ingénieurs réunis dans cette ville y avait discuté surtout les questions relatives aux brevets d'invention, dont le principe même était énergiquement battu en brèche à cette époque. Une commission de permanence avait été nommée à la fin du Congrès, avec le mandat de faire tous ses efforts pour provoquer une entente internationale. Lors de l'exposition universelle de 1878, ces aspirations trouvèrent un écho auprès du gouvernement français, et un Congrès fut réuni au Trocadéro, dans le but d'arriver au résultat souhaité. La commission permanente de Vienne déposa ses pouvoirs aux mains de ce Congrès.

D'importantes résolutions furent prises, et, avant de se séparer, les délégués des diverses puissances nommèrent une nouvelle commission permanente. Cette commission se divisait en sections, correspondant à chaque pays représenté. Son but était d'obtenir d'un des gouvernements la réunion d'une conférence internationale officielle à l'effet de déterminer les bases d'une législation uniforme.

Un comité exécutif, composé des membres de la section française, se mit à l'œuvre, sous la présidence de M. Bozérian, et rechercha, parmi les résolutions du Congrès, celles qui paraissaient susceptibles de servir de bases à l'entente projetée. Une première proposition fut rédigée et soumise à l'approbation du ministre de l'agriculture et du commerce. Elle fut jugée trop ambitieuse. Le comité exécutif en élabora une nouvelle qui, cette fois, parut remplir toutes les conditions désirables pour obtenir l'adhésion des gouvernements à une conférence.

Le 4 novembre 1880, cette conférence se réunit à Paris. Dix-huit États y étaient représentés : l'Autriche-Hongrie, la Confédération Argentine, la Belgique, le Brésil, les États-Unis, la France, la Grande-Bretagne, le Guatémala, l'Italie, les Pays-Bas, le Portugal, la Russie, la Suède et la Norwège, le Salvador, la Suisse, la Turquie, l'Uruguay, le Vénézuela.

Dans la séance d'ouverture M. Tirard, ministre de l'agriculture et du commerce, délimita ainsi la tâche des délégués : « nous rechercherons les moyens de consti-
« tuer une Union qui, sans porter atteinte à la législation
« particulière des États, aurait pour avantage immédiat,
« non-seulement d'assurer aux sujets de ces États tous les
« droits dont jouissent les nationaux..., mais encore d'é-

« tablir plusieurs dispositions générales et uniformes,
« dont jouiront également tous les nationaux des pays
« contractants. »

Les négociateurs signèrent, le 22 novembre 1880, l'a-
vant-projet de convention qui devait être soumis à chaque gouvernement, et, le 20 mars 1883, il fut définitivement adopté par une nouvelle conférence.

On a suivi si exactement le programme qu'avait défini
le ministre du commerce, que les paroles citées plus
haut constituent le meilleur résumé de l'œuvre accomplie en 1883 : respect des législations particulières,
assimilation dans chaque État de tous les membres de
l'Union aux nationaux, adoption de quelques principes
uniformes applicables aux sujets de tous les États
signataires.

La Convention devint exécutoire en France le 6 juillet 1884, un mois après l'échange des ratifications. Les
adhérents du premier moment étaient: la Belgique, le
Brésil, l'Espagne, la France, le Guatémala, l'Italie,
les Pays-Bas, le Portugal, le Salvador, la Serbie et la
Suisse. Depuis, la Turquie, la République de l'Équateur, celle de Saint-Domingue, la Grande-Bretagne,
la Suède et la Norwège ont envoyé leur adhésion. Tout
récemment, le 18 mars 1887, les États-Unis d'Amérique les ont imitées. En revanche, la République de
l'Équateur a dénoncé le traité le 26 décembre 1885.

L'œuvre des négociateurs de 1880-1883 se compose
de deux parties ; 1° la Convention proprement dite

(19 articles) et 2º le Protocole de clôture. Ce Protocole a pour but d'interpréter quelques articles du traité et de régler certaines questions administratives que soulève le fonctionnement de l'Union.

Nous n'avons pas à faire ici une étude d'ensemble sur la Convention ; nous laisserons donc de côté tout ce qui concerne l'organisation de l'Union ; nous n'aurons pas non plus à parler des questions qui visent spécialement les brevets d'invention, les dessins et modèles de fabrique. Les seuls textes qu'il nous faudra étudier sont ceux qui posent des principes applicables à toutes les branches de la propriété industrielle, et ceux qui s'occupent spécialement des marques et du nom commercial. Notre sujet se trouve donc naturellement divisé en deux sections, l'une qui comprendra l'étude des quatre premiers articles de la Convention (applicables aux brevets, aux dessins, modèles, marques et noms), l'autre les articles spéciaux à notre matière.

PREMIÈRE SECTION. — *Dispositions générales*.

L'article premier proclame la constitution de l'Union entre les parties contractantes. L'article 2 est ainsi conçu : « Les sujets ou citoyens de chacun des États « contractants jouiront, dans tous les autres États de « l'Union, en ce qui concerne les brevets d'invention, « les dessins ou modèles industriels, les marques de « fabrique ou de commerce et le nom commercial, des

« avantages que les lois respectives accordent actuelle-
« ment ou accorderont par la suite aux nationaux. En
« conséquence ils auront la même protection que ceux-
« ci et le même recours légal contre toute atteinte por-
« tée à leurs droits, sous réserve de l'accomplissement
« des formalités et des conditions imposées aux natio-
« naux par la législation intérieure de chaque État.

Deux idées principales se dégagent de ce texte : 1° respect des législations particulières, 2° dans chaque État
contractant, assimilation aux nationaux de tous les
membres de l'Union.

1° *Respect des législations intérieures.*

Dans chaque pays, la législation nationale reste la
base de la protection industrielle ; mais il ne faudrait
pas croire que les dispositions de la Convention ne
doivent jamais être en contradiction avec cette législation ; l'article 5, par exemple, est le contraire de l'article 32 § 3 de notre loi de 1844 sur les brevets. Si l'on
a conservé leur autorité aux lois intérieures, c'est, on
peut le dire, comme pis-aller, parce qu'il était reconnu
impossible d'arriver à l'unification absolue sur tous les
points. Comme l'a dit M. Bozérian, président de la
Conférence de 1880, les négociateurs ont écrit « la
« préface d'un livre qui allait s'ouvrir et qui ne sera
« peut-être fermé que dans de longues années » Le
jour où le mot « fin » serait inscrit sur ce livre, les
lois particulières auraient disparu, et la Convention,

parvenue à son complet développement, serait devenue la Charte universelle de la propriété industrielle. En attendant la réalisation certainement lointaine de ce vœu, les négociateurs de 1880-83 ont cherché à s'entendre sur quelques règles particulières qu'ils ont insérées dans les articles 5 et suivants. Ces règles peuvent être en désaccord avec les législations nationales (Ex : art. 5) alors, dans quelle mesure y portent-elles atteinte?

On a prétendu que la Convention avait le caractère d'un simple traité et non d'une loi, qu'elle pouvait bien, en conséquence, abroger les lois intérieures en tant qu'elles s'appliquaient aux étrangers, mais non en tant qu'elles régissaient les nationaux (1).

Pour soutenir cette thèse (2) on a dit : 1° que les délégués français à la conférence représentaient bien les intérêts de nos nationaux vis-à-vis de l'étranger, mais non vis-à-vis de la nation elle-même ; 2° que l'intervention du pouvoir législatif n'avait pas eu pour effet de convertir la convention en loi de l'État, parce que la forme dans laquelle la ratification est donnée n'est pas la même que celle employée pour la confection des lois, deux lectures, ou tout au moins une lecture précédée de l'urgence déclarée, étant toujours de rigueur dans la discussion des lois, tandis que l'approbation du traité avait lieu après une seule lecture. — Si l'auteur de cette théorie avait pris soin de consulter le *Journal officiel*

______

(1) Voir à ce sujet la brochure de MM. Assi et Genès.

(2) *Bulletin de la Societé des ingénieurs et conseils en matière de propriété industrielle* (Séance du 19 nov. 1886. p. 490).

du 19 janvier 1884 il y aurait vu que la ratification eut lieu après déclaration d'urgence et il se serait épargné cette dernière erreur.

Quant à l'argument tiré de ce que les négociateurs ne représentent pas la France vis-à-vis des regnicoles, il n'a pas beaucoup plus de valeur. Ces négociateurs ne sont que les porte-paroles, les gérants d'affaires du Parlement qui doit approuver ; du jour où la ratification est autorisée, les chambres endossent toutes les conséquences de l'acte international conclu ; celui-ci est censé émané du pouvoir législatif. Rien ne manque donc à la convention pour être applicable comme une loi, ni la forme dans laquelle elle est approuvée, ni la compétence de ceux qui en sont réputés les auteurs. Nous en conclurons que ses dispositions peuvent s'appliquer même aux nationaux.

Il est vrai qu'ordinairement les conventions diplomatiques ne sont faites que pour déterminer les droits des Français à l'étranger et des étrangers en France, mais une convention d'Union diffère beaucoup des autres traités, elle tient à la fois du caractère diplomatique et du caractère législatif; diplomatique quand elle règle des rapports internationaux, législatif quand elle réglemente les droits des nationaux dans le ressort de chaque État. Que les négociateurs de 1880-1883 aient entendu ainsi le rôle de la convention, on n'en peut pas douter : M. Demeur (Proc. Verb. p. 30) disait : « Le projet contient « des dispositions qui existent déjà dans bien des légis- « lations, mais il en renferme qui sont en opposition

« formelle avec celles de certains pays. Dans ce cas, il
« faudra arriver à trouver le principe de raison et de
« justice. Si on le trouve on réunira une adhésion
« générale. La conférence ne doit pas s'arrêter à la
« législation existante, et, si chaque délégué trouve
« dans les lois de son pays un principe qui ne soit pas
« en harmonie avec la justice, il ne doit pas hésiter à
« approuver, dans les limites de ses pouvoirs, le prin-
« cipe de justice qui aura été adopté » M. Indelli (P. V.
p. 84) disait aussi : « Dans un traité d'Union, on apporte
« des modifications aux principes généraux. »

N'oublions pas non plus que l'idée de la Convention
remonte au Congrès du Trocadéro, et que toutes les décisions de ce Congrès sont dictées par le désir d'arriver
à une unification sur toutes les matières de la propriété
industrielle, et non seulement sur la protection internationale de cette propriété.

Nous trouvons, jusque dans le texte signé en 1880 la
preuve que, dans l'esprit de ses auteurs, la convention
peut s'appliquer même aux nationaux. On sait que,
d'après la Constitution américaine, le Congrès fédéral
peut légiférer en matière de marques de fabrique sur
les droits des étrangers aux États-Unis et des Américains à l'étranger, mais il ne peut réglementer ces questions dans les rapports entre les citoyens des États con-
fédérés. Si la pensée des négociateurs avait été que la
Convention ne s'appliquerait que dans les relations internationales les délégués des États-Unis auraient pu la

signer sans scrupules constitutionnels. Au lieu de cela, ils ont cru devoir faire insérer dans le Protocole de 1880 l'article 4 suivant : « Les plénipotentiaires des États-« Unis, ayant déclaré qu'aux termes de la Constitution « fédérale le droit de légiférer en ce qui concerne les mar-« ques de fabrique est, dans une certaine mesure, réser-« vée à chacun des États américains, il est convenu que « les dispositions de la Convention ne seront appli-« cables que dans les limites des pouvoirs constitu-« tionnels des hautes parties contractantes.» — Cette réserve est inexplicable si l'on admet pas notre système ; elle suffit à le justifier.

Nous croyons donc que, dans la Convention d'Union, certaines dispositions pourraient s'appliquer aux rapports simplement nationaux. Telle a été l'intention certaine des négociateurs de 1880-83 dont le législateur s'est approprié les idées en approuvant le traité.

Faisons toutefois une remarque importante : la Convention s'applique comme une loi aux nationaux, mais, dans cette sphère d'application, elle perd son caractère d'acte synallagmatique ; elle peut être abrogée par la seule volonté du pouvoir législatif de chaque pays. Un État, en effet, ne peut pas s'engager envers un autre État à traiter ses propres sujets d'une certaine façon, ce serait aliéner en partie sa souveraineté. Les choses se passeront comme s'il y avait deux actes distincts, le traité régissant les relations internationales, la loi applicable aux seuls nationaux.

Etant donné que quelques dispositions de la convention peuvent modifier les droits des nationaux, dans quelle mesure cette modification aura-t-elle lieu ? La convention deviendra-t-elle sur le point qu'elle traite le seul texte à invoquer ? la loi intérieure sera-t-elle abrogée complètement sur cette matière ?

N'oublions jamais le but de la Convention : établir un minimum d'unification ; dans la pensée des négociateurs, cela correspondait à un minimum de répression des fraudes au dessous duquel aucun État concordataire ne pouvait rester. La conséquence forcée de cette idée, c'est que toutes les législations qui toléraient un acte puni par la Convention se trouvent par son fait modifiées et élevées au niveau de repression fixé par elle.

Quant aux lois dont les dispositions étaient plus sévères encore que celles du traité d'Union, celui-ci ne constitue pas pour elles un recul dans la voie de la protection de la propriété industrielle. Le but poursuivi en commun, nous ne saurions trop le répéter, c'est de fixer un minimum de repression, et non d'établir une uniformité absolue ; heureux les États mieux défendus contre les usurpateurs de propriété industrielle, l'Union les envie, loin de les désarmer !

Nous trouverons à appliquer ces principes à propos des articles 9 et 10, combinés avec l'art. 19 de la loi de 1857.

2° Dans chaque État, assimilation aux nationaux de tous les membres de l'Union.

Nous n'avons plus à nous expliquer sur la portée de ce principe ; c'est lui, nous le savons, qui forme depuis longtemps la base de toutes les négociations en matière de marques.

Il a été bien entendu (Protocole, art. 3) que l'assimilation ne portait que sur les conditions imposées pour acquérir un droit et non sur les formalités de procédure. En conséquence, l'étranger demandeur devra toujours fournir la caution *judicatum solvi* prescrite par le Code civil.

L'article subordonne l'obtention du traitement national à l'accomplissement des formalités et conditions imposées aux nationaux par la législation intérieure de chaque État. Nous savons ce qu'il faut entendre par formalités en matière de marques ; c'est de l'enregistrement des signes qu'il s'agit. Quant aux conditions dont parle encore l'article, nous ne voyons à citer ici que celles qui visent les articles 5 et 6 de notre loi de 1857. D'après ces articles, pour qu'un Français puisse faire protéger sa marque en France, il faut qu'elle soit destinée à être apposée sur des produits d'établissements situés en France ou dans un pays de réciprocité. Les membres de l'Union étant assimilés aux Français, il nous semble de toute justice d'exiger d'eux les mêmes conditions d'établissement. Il en résultera qu'un

Belge par exemple, malgré sa qualité de membre de l'Union, ne pourra faire un dépôt valable à Paris si ses établissements sont situés dans un pays qui ne protège pas nos marques. Autre conséquence du même principe : le même Belge, établi dans un pays hors de l'Union, mais qui est lié par un traité avec la France, ne pourra invoquer chez nous la Convention de 1883, mais seulement le traité conclu avec le pays de son exploitation. En effet, un Français dans les mêmes conditions serait régi uniquement par ce dernier traité ; la règle de l'assimilation à conditions identiques nous commande de donner la même solution pour le Belge.

« ART. 3 — Sont assimilés aux sujets ou citoyens des « états contractants les sujets des États ne faisant pas « partie de l'Union, qui sont domiciliés ou ont des éta- « blissements industriels ou commerciaux sur le terri- « toire de l'un des États de l'Union. »

Cet article a été le dernier introduit dans la Convention sur la demande du délégué de la Suède. Certains délégués voulaient que les États de l'Union accordassent à tous les étrangers, même à ceux des pays non concordataires le bénéfice de l'assimilation aux nationaux et le droit d'invoquer les délais de l'art. 4. On fit remarquer ce que ce résultat aurait eu d'anormal et de dangereux pour l'avenir : en effet, d'une part il était peu logique de faire participer aux avantages de la convention ceux qui n'y avaient pas été parties, d'autre part, en accordant à tous les étrangers sans exception le droit de se prévaloir du traité, on ôtait toute force d'attraction à l'Union qu'on voulait fonder. Si tout intérêt à y entrer disparaissait, il était bien probable qu'aucun État ne demanderait à en faire partie uniquement pour contribuer aux charges.

Une proposition en ce sens, soutenue par les délégués de la Belgique et du Salvador, fut repoussée, et M. Lagerheim, délégué de la Suède, proposa un amendement qui devint notre article 3. Le but était de combler la lacune qui existait à propos des étrangers domiciliés et établis dans un des États contractants. On fit remarquer que la plupart des législations intérieures les assimilaient aux nationaux, et que la convention ne pouvait faire moins qu'elles.

Examinons quelle est la portée de cet article au point de vue des marques. Nous avons vu qu'en vertu de l'article 6 de la loi de 1857 il fallait considérer les étrangers d'un État non contractant établis dans un pays de réciprocité diplomatique comme capables d'invoquer cette réciprocité. L'article 3 n'aurait pas existé que nous aurions dû donner la solution qu'il indique par pure interprétation de la loi de 1857.

Toutefois l'article 3 ne parle pas seulement de ceux qui possèdent des établissements dans les pays de l'Union, il mentionne encore ceux qui y sont « domiciliés ». Ce mot a-t-il pour effet de donner à l'article 3 une portée beaucoup plus étendue que celle de l'article 6 de la loi de 1857. Nous ne le croyons pas.

17

Soit un allemand domicilié en Belgique ; il devra (art. 3), être traité en Belgique comme s'il était membre de l'Union, et en France comme on le traitera en Belgique. En Belgique il sera assimilé à un Belge ; (art. 2) mais le Belge n'est protégé par sa loi nationale que s'il est établi sur le territoire de sa patrie ; la marque de l'Allemand en question ne sera donc pas admise à l'enregistrement en Belgique si, outre le domicile, il n'a pas un établissement dans le pays. Au cas où la loi belge ne s'applique pas, la loi française ne s'appliquera pas non plus, l'Allemand ne pourra déposer sa marque en France ni, par suite, y invoquer les délais de l'article 4.

Il en résulte qu'en matière de marques l'article 3 sera sans application pour les sujets des États hors de l'Union seulement domiciliés dans un pays concordataire, si ce pays fait dépendre l'application de sa loi de l'établissement sur son territoire. Le mot « domiciliés » pourra seulement être invoqué par les étrangers à l'Union domiciliés dans un pays qui, comme l'Angleterre, la Hollande, l'Italie et le Portugal, protègent leurs nationaux quel que soit le lieu de leurs établissements, et considèrent le droit de propriété des marques comme étant compris parmi ceux du *jus civile* dont la jouissance est conférée par le domicile légal.

Pour les noms, le mot « domiciliés » de l'article 3 sera d'une application fréquente au contraire, puisqu'en cette matière l'exercice du droit n'est pas, dans la plupart des pays concordataires, subordonné à l'établissement sur le territoire. (Il en sera de même en matière de dessins et modèles de fabrique).

Cette interprétation nous paraît bien conforme aux intentions de M. Demeur qui disait, en soulevant la question d'où naquit l'article 3 : « on devrait considé-« rer seulement si, d'après la législation du pays où se « fait le dépôt, l'étranger a le droit de prendre un bre-« vet, de déposer une marque, un dessin ou un modèle. « Dans ce cas et lorsque l'étranger ferait son dépôt « dans l'un des États de l'Union, le droit de priorité « lui serait accordé, alors même que l'État auquel il « appartient ne serait pas entré dans l'Union. » (Pro-cès-verbaux, page 129) et plus haut : « quant aux mar-« ques il y a une nuance. Dans toutes les législations « la protection n'est reconnue aux étrangers qu'au-« tant qu'ils ont un établissement dans le pays ; Eh « bien ! malgré ce principe, l'Union (avant l'art. 3) n'ac-« corderait rien à l'étranger établi sur son territoire et « dont elle né verrait que la nationalité. »

M. Lagerheim (P. V. p. p. 130 et 134) rédigea l'art. 3 en ce sens, mais en restreignant l'application de l'idée de M. Demeur aux étrangers établis ou domiciliés dans l'Union. (Ainsi les nationaux des pays non signataires, que la loi anglaise, par exemple, admet au dépôt quelque soit le lieu de leur domicile ou de leur établissement, ne jouiront cependant pas du bénéfice de la convention dans les autres États concordataires, si ce domicile ou cet établissement n'est pas situé sur le territoire de l'Union).

On se garde ainsi de deux extrémités dangereuses : ou bien faire une Union étroitement fermée, ou bien l'ouvrir si largement qu'il deviendrait inutile d'y accéder pour en bénéficier.

Si l'article 3 pouvait prêter à une extension trop facile des avantages de l'Union aux étrangers non ressortissants des pays signataires, ce serait plutôt par l'interprétation trop large qu'on serait, dans certains cas, tenté de donner aux mots : établissements industriels et commerciaux. Il faut d'ailleurs reconnaître que la loi de 1857 donne lieu aux mêmes observations. Pour éviter que, se prévalant de l'installation dans un pays d'Union d'une agence sans importance réelle, certains étrangers parviennent à obtenir le bénéfice du traité, on a proposé, lors de la dernière conférence, tenue à Rome , d'exiger certaines garanties d'établissement sérieux. Nous verrons quels moyens ont été adoptés pour arriver à ce but.

On pourrait croire que l'article 3 donne aux étrangers établis dans les pays concordataires des droits plus étendus que ceux reconnus dans les hypothèses analogues par la loi de 1857. En effet, la loi de 1857 restreint formellement la faveur de la protection en France aux produits des établissements situés dans le pays de réciprocité. L'article 3 de la Convention, au contraire, ne paraît pas faire cette distinction, et il semble, à le lire pour la première fois, que le bénéfice des lois des États de l'Union soit accordé absolument et pour tous les établissements appartenant aux étrangers qu'il désigne.

Il n'en est rien, pourtant; que résulte-t-il de cet article 3 ? que les sujets des États non contractants sont assimilés aux sujets des États contractants quand ils sont établis sur le territoire de l'Union. Un Allemand est établi en Belgique : au point de vue de la France il devra être traité comme s'il était Belge, c'est à dire membre de l'Union ; or nous avons vu plus haut que les membres de l'Union étaient traités comme les nationaux dans chacun des États qui la composent, mais en *remplissant les conditions prescrites par les lois de chaque État*. Une des conditions exigées par la loi française pour qu'un *Français* jouisse du bénéfice de la loi de 1857, c'est qu'il soit établi dans un pays de réciprocité; le Français est toujours traité comme les originaires du pays où il est établi. En assimilant les étrangers de l'article 3 aux membres de l'Union et les membres de l'Union aux Français, la convention n'a pas pu étendre aux établissements situés en dehors de l'Union les avantages qu'elle stipule. L'article 5 n'est donc sur ce point que l'application pure et simple de notre loi de 1857; l'Allemand dont nous parlions tout à l'heure ne sera réputé membre de l'Union que pour ses établissements de Belgique, mais non pour ceux qu'il peut avoir en Allemagne.

« Art. 4 — Celui qui aura régulièrement fait le dépôt « d'une demande de brevet d'invention d'un dessin ou mo- « dèle industriel, d'une marque de fabrique ou de com- « merce, dans l'un des États contractants, jouira pour « effectuer le dépôt dans les autres États et sous réserve « des droits des tiers, d'un droit de priorité pendant les « délais déterminés ci-après.

« En conséquence, le dépôt ultérieurement opéré dans « l'un des autres États de l'Union, avant l'expiration « de ces délais, ne pourra être invalidé par des faits « accomplis dans l'intervalle, soit notamment, par un « autre dépôt, par la publication de l'invention ou son « exploitation par un tiers, par la mise en vente d'exem- « plaires du dessin ou du modèle, par l'emploi de la « marque.

« Les délais de priorité mentionnés ci-dessus seront « de six mois pour les brevets d'invention, et de trois « mois pour les dessins ou modèles industriels, ainsi « que pour les marques de fabrique ou de commerce ; « ils seront augmentés d'un mois pour les pays d'outre- « mer. »

Comme dans chacune des dispositions qui s'appli- quent à toutes les branches de la propriété industrielle, nous ne voulons voir dans cet article que ce qui inté- resse la matière des marques.

Voici à quels inconvénients il a pour but de remédier. Les contrefacteurs de marques étrangères, depuis la multiplication des traités protecteurs, arrivaient difficilement à usurper les signes employés par un commerçant renommé sans encourir la rigueur des lois. Les plus habiles d'entre eux avaient trouvé un ingénieux moyen de continuer impunément leurs manœuvres. Ils se mettaient à l'affût de toutes les marques nouvelles déposées à l'étranger par des concurrents connus, et, aussitôt qu'ils avaient pu se procurer le modèle des signes enregistrés, ils s'empressaient de les déposer pour leur compte dans leur propre pays. Dans les pays où le dépôt est attributif, ils obtenaient ainsi le droit exclusif à l'emploi de la marque qu'ils avaient dérobée, et le légitime propriétaire se voyait refuser l'enregistrement sous le prétexte que déjà une marque semblable avait été déposée. Dans certains pays, où le dépôt est simplement déclaratif, le même résultat aurait pu se produire, les tribunaux refusant quelquefois de tenir compte de la priorité d'usage à l'étranger. (Lyon 1er juillet 1885, Pataille 1885, p. 339).

Le danger, pour le véritable titulaire de la marque, étant d'arriver trop tard pour le dépôt à l'étranger, on s'efforça de trouver un moyen qui permît d'effectuer le même jour un dépôt valable dans plusieurs pays. Le Congrès du Trocadéro proposa le procédé suivant : le dépôt pourrait être effectué le même jour à l'autorité locale compétente et aux consulats des différentes nations étrangères.

Cette solution aurait entraîné bien des frais, de plus, elle n'était réalisable que dans les grandes villes où tous les gouvernements étrangers ont des représentants.

On abandonna donc cette idée, et, dans l'avant-projet soumis à la Conférence de 1880, un autre système fut proposé : celui de la fixation de délais de priorité, partant du jour où la première demande serait déposée dans un des États de l'Union. La Conférence adopta ce principe que nous voyons consacré dans l'article 4.

L'effet de la fixation des délais est : 1° d'empêcher le domaine public d'être saisi pendant le temps qu'ils durent ; 2° d'annuler tout dépôt fait à la même époque.

Les mots « sous réserve des droits des tiers » ont été insérés dans l'article à la demande d'un délégué hollandais, et pour résoudre la difficulté suivante qu'il signalait : (Proc. verb. 48) un Hollandais qui n'exporte pas n'a déposé sa marque qu'en Hollande, un étranger, de bonne ou mauvaise foi, adopte cette marque et la dépose dans son pays ; ce dépôt, bien qu'effectué régulièrement, ne pourra lui donner droit à la priorité d'enregistrement en Hollande.

Pour permettre d'invoquer ces délais de priorité, il faut et il suffit que la demande de dépôt ait été régulièrement faite, c'est-à-dire que les formalités aient été observées. On ne s'inquiète pas de savoir si cette demande était justifiée par un droit à la marque, les termes de l'article ont été bien calculés pour qu'on ne pût lui donner cette signification. Dans une rédaction

antérieure il portait : (P. V. p. 60) « L'auteur..... d'une
marque de fabrique qui aura régulièrement déposé.... »
Pour bien montrer que le mot régulièrement ne portait que sur une question de forme, on modifia l'article,
et on adopta la rédaction que nous connaissons: «celui
« qui aura régulièrement fait le dépôt *d'une de-*
« *mande....* »

L'article 5, nous le savons, traite une question spéciale aux brevets, il ne rentre donc pas dans le cadre
que nous nous sommes tracé. Disons seulement que
c'est, de tous les articles de la convention, celui qui a
été l'objet des plus vives critiques.

SECTION II. — Dispositions spéciales
aux marques de fabrique et aux noms commerciaux.

« Art. 6. — Toute marque de fabrique ou de com-
« merce régulièrement déposée dans le pays d'origine,
« sera admise au dépôt et protégée telle quelle dans
« tous les autres pays de l'Union.

« Sera considéré comme pays d'origine le pays où le
« déposant a son principal établissement. Si ce principal
« établissement n'est point situé dans un des pays de
« l'Union, sera considéré comme pays d'origine celui
« auquel appartient le déposant.

« Le dépôt pourra être refusé si l'objet pour lequel
« il est demandé est contraire à la morale et à l'ordre
« public. »

Nous savons à quel besoin répond cet article, il est
la reproduction, dans le traité d'Union, des clauses spéciales que nous avons signalées dans les traités conclus
avec la Belgique, l'Italie et la Russie.

Grâce à cet article, dans tout le ressort de l'Union, les
marques déposées en France et composées uniquement
de lettres et de chiffres pourront être protégées.

Il a été bien entendu, lors des négociations de Paris,
que le mot régulièrement portait seulement sur l'aspect
de la marque, et que l'article n'impliquait pas l'obligation, pour les tribunaux du pays d'importation, d'inter-
prêter la loi du pays d'origine sur cette matière, le seul
fait du dépôt effectué prouvant que le signe était susceptible d'être protégé dans ce dernier pays.

Le deuxième et le troisième paragraphes de l'article
ont pour but de prévenir la manœuvre suivante : un
étranger, originaire d'un pays où les lettres et les chiffres, par exemple, ne peuvent constituer une marque,
aurait pu, après avoir déposé d'abord un signe de ce
genre en France, en réclamer l'enregistrement dans
son pays, en vertu du premier paragraphe de l'article
6 ; c'eut été détourner cet article de sa destination. S'il
a pour but de faciliter la protection des marques étrangères, il n'a pas été fait du tout pour permettre aux
nationaux d'éluder la loi de leur **pays**. Avec le § 2 cette

fraude ne sera plus possible : un fabricant ou commerçant anglais, par exemple, ne pourra pas déposer d'abord en France une marque constituée par un chiffre.

Il ne résulte pas de là que les marques étrangères devront toujours être déposées dans le pays d'origine avant d'être admises à l'enregistrement dans un pays de l'Union. La disposition du § 2 de l'article 6, ne s'applique qu'aux signes non protégés par la loi du pays d'origine. Quant aux autres, ils seront enregistrés valablement en commençant soit par le pays du principal établissement, soit par le pays d'importation.

Nous n'avons pas à insister sur les deux derniers alinéas de notre article, ils se comprennent facilement. Disons seulement que, sur la demande d'un délégué espagnol, lors de la réunion de 1883, on inséra dans le protocole un article 4, en vertu duquel l'usage des armoiries publiques et des décorations peut être considéré comme contraire à l'ordre public dans le sens de l'article 6.

« Art. 7. — La nature du produit sur lequel la mar-
« que de fabrique ou de commerce doit être apposée ne
« peut, dans aucun cas, faire obstacle au dépôt de la
marque. »

Cette disposition a été introduite pour prévenir les inconvénients qui résultent, dans certains pays, de l'application des règlements sur les produits pharmaceutiques. Les administrations refusent quelquefois d'enregistrer la marque jusqu'à ce que le produit ait été approuvé par un conseil d'hygiène. Pendant ce temps les contrefacteurs ont beau jeu. Cette pratique est condamnable a tous les points de vue, l'enregistrement de la marque n'impliquant pas liberté de vendre, son refus n'a même pas d'excuse dans le souci de la santé publique.

« ART. 8. — Le nom commercial sera protégé dans « tous les pays d'Union sans obligation de dépôt, qu'il « fasse ou non partie d'une marque de fabrique ou de « commerce.»

Cet article est un des plus utiles de la convention. Nous avons vu, en effet, que presque tous les traités sur les marques de fabrique étaient muets en ce qui concerne la protection du nom commercial. Au sujet de l'interprétation extensive que donne la jurisprudence de ces traités en ce qu'elle les applique aux noms, nous avons fait des réserves qui nous paraissent commandées par le respect des textes. Nous n'en sommes que plus heureux de constater que, grâce à la Convention, les noms des étrangers seront désormais l'objet d'une protection justifiée.

Quant à la seconde partie du texte, elle a eu pour but d'empêcher le retour d'une décision analogue à celle qu'avait donnée la cour de cassation dans une affaire récente. Une marque étrangère était composée à la fois d'emblèmes (léopard et licorne) et du nom de son titulaire ; il fut constaté que les emblèmes étaient tombés dans le domaine public, et la cour de cassation admit

qu'en conséquence le nom qui faisait corps avec eux
ne pouvait plus faire l'objet d'une propriété exclusive.
(Cour de cassation, 13 janvier 1880, Pat. 1880. p. 125)
« Attendu, disait l'arrêt, qu'aux termes de l'article 1er de la
« loi du 23 juin 1857, sont considérés comme marques de
« fabrique les noms sous une forme distinctive, que dès
« lors le nom accompagné d'emblèmes et de mentions
« auxquels il s'incorpore et avec lesquels il se confond
« n'est plus, à la différence du nom isolé, que l'un des
« éléments constitutifs dont la marque se compose ;
« Attendu que toute marque de fabrique, quand elle n'est
« pas déposée, est susceptible de tomber dans le domaine
« public, et que, du moment où elle y est tombée, nul
« ne peut plus désormais en revendiquer la propriété
« exclusive..... »

On a peut-être exagéré un peu la portée de cet arrêt,
qui pouvait se justifier par des considérations tirées
de l'aspect de la marque en litige, mais il est impossible de n'y pas voir au moins une tendance à
confondre avec la marque le nom qui l'accompagne. Ce
serait là une théorie fausse : pour appartenir à une
marque, un nom ne perd pas forcément son caractère
et son droit à l'imprescriptibilité. Si la loi de 1857 a
dit que le nom, sous une forme distinctive, pouvait constituer une marque, elle n'a pas entendu décider par là
qu'il cesserait d'être protégé à titre de nom. Elle a
voulu, sans doute, donner à plusieurs fabricants possédant le même nom et ayant un droit égal a l'employer

un moyen facile de distinguer leurs produits ; dans ce cas, en effet, la loi de 1824 ne pouvant recevoir d'application, les intéressés auraient été dépourvus de toute protection légale.

D'ailleurs chacun a le droit d'écrire son nom comme il lui plait, en l'entourant de signes et d'emblèmes quelconques, et justement, quand il n'y a pas eu dépôt, on peut dire que les signes et emblèmes sont les accessoires du nom plutôt que le nom l'accessoire de la marque, comme le prétendait la Cour de cassation.

La loi de 1824 et celle de 1857 protègent deux droits distincts qui peuvent se superposer : quand la marque contient un nom, ce nom constitue un droit exclusif (qu'il y ait eu ou non dépôt) protégé par la loi de 1824 ; les emblèmes, d'un autre côté, peuvent être revendiqués (après dépôt) en se fondant sur la loi de 1857.

La jurisprudence française n'a pas été la seule à décider que le nom incorporé dans une marque cessait d'être protegé comme nom. — Un arrêt de Bruxelles (4 février 1880, Pasic. p. 73) déclare, en effet, que l'article 191 du code pénal belge ne peut plus s'appliquer quand le nom d'un fabricant, déposé sous une certaine forme, est devenu une véritable marque de fabrique.

« ART. 9. — Tout produit portant illicitement une « marque de fabrique ou un nom commercial pourra « être saisi à l'importation dans ceux des États de « l'Union dans lesquels cette marque ou ce nom com- « mercial ont droit à la protection légale

« La saisie aura lieu à la requête, soit du ministère
« public, soit de la partie intéressée, conformément à
« la législation intérieure de chaque État.

« Art. 10. — Les dispositions de l'article précédent
« seront applicables à tout produit portant faussement
« comme indication de provenance le nom d'une localité
« déterminée, lorsque cette indication sera jointe à un
« nom commercial fictif ou emprunté dans une intention
« frauduleuse.

« Est réputé partie intéressée tout fabricant ou com-
« merçant engagé dans la fabrication ou le commerce de
« ce produit et établi dans la localité faussement indi-
« quée comme provenance. »

Ces deux articles sont, parmi ceux que nous avons
à examiner, les moins faciles à saisir dans leur portée
véritable. Nous essayerons d'en donner un commen-
taire en suivant fidèlement la discussion un peu confuse, il faut l'avouer, dont ils ont été l'objet dans la
Conférence de 1880.

L'avant projet de M. Jagerschmidt, qui servit de cane-
vas pour les travaux des délégués, contenait un article 6
reproduisant à peu près les termes de l'article 19 de la
loi de 1857 : « Tout produit portant illicitement soit la
« marque d'un commerçant établi dans l'un des pays de
« l'Union, soit une indication de provenance dudit pays,
« sera prohibé à l'entrée dans *tous les autres* États con-
« tractants, exclu du transit et de l'entrepôt, et pourra

« être l'objet d'une saisie suivie s'il y a lieu d'une action
« en justice. »

De nombreuses protestations s'élevèrent contre cet
article. On se récria sur les pouvoirs exorbitants qu'il
semblait accorder à la douane ; un délégué hollandais
déclara qu'on ne pouvait permettre à celle-ci de saisir
proprio motu.

M. Indelli (Italie) prit la parole pour faire savoir
qu'à son avis, l'article était ou inutile ou dangereux :
Inutile parce que, la contrefaçon d'une marque étant
reconnue, c'était le devoir de toutes les autorités de
concourir à sa répression, dangereux, si on permettait
aux douaniers d'opérer la saisie de leur autorité propre
en s'érigeant en juges véritables.

M. le Président chercha à mettre un peu de clarté
dans le débat qui menaçait de s'obscurcir : il expliqua
le fonctionnement de notre article 19, véritable épée de
Damoclès suspendue sur la tête des contrefacteurs,
montra que l'administration des douanes ne se livrait
pour constater les fraudes, à aucune vexation, mais les
appréhendait pour ainsi dire au passage quand elle les
découvrait en procédant aux vérifications ordinaires.
(Voir Procès-verbaux 1880, p. 78 et suivantes).

Le délégué de la Suisse prit alors la parole et déclara
que son gouvernement repousserait toutes les dispositions ayant pour but d'entraver le transit (1) et de forcer

---

(1) Le délégué turc fit plus tard une déclaration analogue au nom de
son gouvernement (p. 83 P. V.)

l'administration à intervenir dans les contestations entre particuliers.

L'opposition portait donc sur deux points: 1° l'obligation pour les gouvernements de saisir en douane ; 2° la prohibition du transit.

Le délégué suédois cherche à vaincre les résistances sur le premier point en proposant de substituer aux mots « sera prohibé » la phrase « pourra être prohibé » et de laisser à chaque législation le soin de déterminer dans quels cas la saisie pourrait avoir lieu. Le délégué de Portugal proteste alors et veut qu'on établisse une règle générale uniforme pour assurer la répression dans tous les États indistinctement.

Les choses en sont là, et la discussion devient de plus en plus confuse, quand les délégués de Suisse et d'Italie demandent à préciser la portée de l'article. Pour eux la prohibition et la saisie n'ont leur raison d'être que dans les pays où les marques ont été déposées ; de plus, dit le délégué de l'Italie, tout ce qu'on peut exiger des États contractants, c'est qu'ils *permettent à la partie lésée* de se protéger ; on ne peut forcer les gouvernements à saisir en vertu d'une sorte de loi générale pour tous les pays.

La discussion porte ensuite sur l'indication de fausse provenance que le délégué de Hongrie, combattu par M. de Barros (Portugal), propose de supprimer de l'article. M. Jagerschmidt intervient et avoue que la rédaction définitive est encore à trouver ; il insiste sur deux points particuliers : 1° le maintien de l'indication de fausse provenance, seul moyen, dit-il, de frapper la mention d'un nom imaginaire de fabricant ; 2° la conservation du mot « sera », les mots « pourra être prohibé » ôtant toute portée à la disposition et rendant préférable sa suppression.

Quant à l'indication de provenance, M. Weibel, déclare que la fraude dont elle est l'objet est trop fréquente pour qu'on puisse espérer la combattre utilement. Le délégué suédois, qui prend alors la parole, pour montrer quelles difficultés peut soulever l'application de l'article à cette indication, rappelle une contestation entre l'Angleterre et la Suède. Des fers portant la marque de Lancashire avaient été prohibés à l'entrée en Angleterre, le gouvernement suédois eut beaucoup de peine à persuader aux Anglais que ce mot était, non une mention de provenance, mais un indication de méthode de fabrication.

M. le Président propose une nouvelle rédaction : « Tout produit portant illicitement soit la marque d'un « fabricant ou d'un négociant établi dans l'un des pays « contractants soit une indication mensongère de pro- « venance dudit pays, *est prohibé* à l'entrée dans tous « les pays contractants, exclu du transit et de l'entre- « pôt, et pourra être l'objet d'une saisie suivie s'il y a « lieu d'une action en justice. »

Cette rédaction, qui diffère pourtant bien peu de celle du projet, avait pour but, dit M. Bozérian, d'affirmer la volonté d'arrêter la fraude tout en réservant l'application des lois de chaque pays.

M. Demeur craint encore que l'article ne donne occasion à des perquisitions vexatoires.

M. Brach (Norwège) signale une fois de plus la difficulté de distinguer la mention de provenance de l'indication d'une fabrication spéciale. (Le mot vin de Champagne, par exemple, constitue-t-il une indication de provenance?)

M. de Rojas (Vénézuela) demande la suppression des mots transit et entrepôt.

Après échange d'observations qui avaient déjà été faites, M. Jagerschmidt propose de supprimer les mots « transit et entrepôt » comme on l'a demandé, et de déclarer que la saisie aura lieu seulement à l'importation. Enfin l'article est renvoyé à la Commission. Il en revient à la séance suivante. La Commission lui a fait subir ces modifications dernières : tout ce qui avait rapport à l'indication de provenance en a été distrait, pour faire l'objet d'un article spécial, on a admis que la marque contrefaite ne pouvait être saisie que dans les pays qui protégeaient le droit du légitime propriétaire. L'article est alors ainsi conçu :

« Tout produit portant illicitement une marque de
« fabrique ou de commerce pourra être saisi en douane
« ou en entrepôt à l'entrée dans ceux des États de l'U-
« nion dans lesquels la marque a droit à la protec-
« tion légale, à la requête soit du ministère public,

« soit de la partie lésée, conformément à la législa-
« tion intérieure de chaque État. »

Ainsi on supprime l'obligation pour chaque État de
faire saisir à la frontière ; les personnes qui ont qualité
pour poursuivre en contrefaçon pourront seules provoquer la saisie. Mais quel est exactement le sens du mot
« pourra » ? Il ne veut pas dire que « les législations
« édictant des mesures analogues à notre article 19
« *pourront* s'appliquer ; non, la commission a écarté les
« amendements inutiles qui avaient en vue ce résul-
« tat » (M. Demeur p. 91) *Pourra* veut dire : la partie
lésée ou le ministère public *auront le droit de....* « Le
« projet, en effet, implique l'obligation d'autoriser la
« saisie. » (Ibidem)

Sur la proposition de M. Bozérian, et pour donner satisfaction à M. Demeur, on coupe la phrase après les mots
protection légale, puis on ajoute : Cette saisie aura lieu,
etc.

Le délégué suisse insiste encore une fois pour qu'au
moyen du mot « entrée » on ne prétente pas avoir le
droit de saisir les produits en transit. Sur la proposition de M. Jagerschmidt le mot *entrée* est supprimé
et remplacé par celui d'« importation » qui ne laisse
plus place à aucun doute.

Enfin la conférence décide qu'il ne sera pas question du transit dans la convention, et qu'on supprimera
les mots *en douane ou en entrepôt* dans l'article en discussion.

L'article est alors voté dans sa forme définitive, moins les mots « ou un nom commercial » qui furent ajoutés en seconde lecture.

Nous avons voulu reproduire cette très-longue discussion jusque dans son incohérence pour donner une idée du conflit d'intérêts que soulevait la proposition.

Résumons maintenant les points certains sur lesquels l'étude des délibérations de la conférence a pu nous éclairer. Comparé à notre article 19 de la loi de 1857, l'article 9 de la convention présente les différences suivantes :

1° Il ne parle ni du transit ni de l'entrepôt, (grâce surtout aux délégués suisses).

2° Il ne permet pas à l'administration des douanes d'opérer la saisie.

3° Il ne s'occupe pas des mentions de provenance.

Cette dernière question a été réservée pour l'article 10, détaché de l'article 9 proposé. La discussion sur ce nouveau texte n'a pas été beaucoup plus claire que sur le précédent ; toutefois, on peut y découvrir la trace des préoccupations suivantes :

Nous avons vu tout à l'heure que les délégués, en discutant sur l'indication de provenance, qui n'avait pas encore été distraite de l'article sur les marques et le nom, avaient insisté en assez grand nombre pour démontrer la difficulté qu'il y aurait dans beaucoup de cas à distinguer la provenance du genre de fabrication (ex : eau de Cologne, gants de Suède.) On

recula devant l'impossibilité de donner une définition qui permît d'atteindre l'indication de provenance
et non de méthode. On se contenta de réprimer une
fraude indéniable, celle qui consiste à apposer le
nom d'une localité qui n'est pas celle de la provenance
des produits en y ajoutant un nom imaginaire de fabricant. (ex: Martin à Reims, étant donné qu'il n'y a pas
à Reims d'habitant s'appelant Martin). Rédigé d'après
cette idée, l'article fut présenté à la conférence par la
commission qui avait été chargée de l'étudier. Il était
alors ainsi conçu : « Les dispositions de l'article (9) sont
« applicables à tout produit portant, comme fausse indi-
« cation de provenance, le nom d'une localité détermi-
« née, lorsque cette indication est jointe à un nom com-
« mercial fictif. »

Sur l'observation de M. Demeur, on ajouta au mot
fictif : « ou mensonger », dans le but d'atteindre la fraude
consistant pour l'introducteur à s'entendre avec un
habitant de la localité indiquée pour obtenir de lui le
droit d'employer son nom. Plus tard, quand, à la
seconde lecture, on eut inséré dans l'article 9 les mots :
« ou un nom commercial », on substitua dans l'article
10 les expressions « ou emprunté dans une intention
frauduleuse » à l'épithète de « mensonger ». Cette expression traduisait plus exactement la pensée de M. Demeur,
et avait pour avantage de ne pas faire double emploi
avec les termes de l'article 9, qui punissait désormais
l'emploi mensonger du nom commercial accompagné

ou non d'une indication de provenance. Il restait à punir cet emploi de nom même quand il aurait lieu du consentement du titulaire, si ce consentement avait été obtenu dans le but de rendre plus vraisemblable une fraude sur l'indication de provenance.

Si l'on compare l'article 10 de la convention à l'article 19 de la loi de 1857, en ce qui concerne la fausse indication de provenance, on voit que, moins sévère, l'art. 10 ne permet pas la saisie des produits portant une simple indication de lieu : ex : vin de Bordeaux, draps d'Elbeuf. De plus, comme l'article 9 dont il ne fait qu'emprunter les moyens de repression, il ne frappe que l'importation et non le transit de ces produits.

Est-ce à dire que ces deux articles innocentent les fraudes qu'ils ne punissent pas ? Depuis la convention de 1883, dans les relations entre les puissances contractantes, l'article 19 ne doit-il plus recevoir son entière application ?

Nullement.

Les articles 9 et 10 de la convention n'ont pas pour but d'indiquer comment, dans chaque État, les nationaux pourront faire réprimer les usurpations. Ils sont destinés à dire comment un Français par exemple, pourra faire saisir des produits revêtus de sa marque ou de son nom qui seraient importés dans un État de l'Union autre que la France. La première rédaction de l'article 9 (ancien article 6) que nous avons rapportée ne laissait aucun doute à ce sujet ; si elle a été modifiée dans la confusion de la discussion, cela tient à une inadvertance et non à une intention arrêtée, dont on ne trouverait nulle part la trace. La pensée qu'elle exprimait est bien restée celle des négociateurs : ils ont voulu donner des armes aux sujets de chaque État contre l'importation dans un autre État concordataire, et non indiquer comment chaque pays se protégerait chez lui. Si l'intention des auteurs de la convention pouvait être douteuse sur ce point, nous devrions encore donner la même solution en nous rappelant le programme de la conférence : établir un minimum d'unification, et laisser librement appliquer dans chaque pays les dispositions plus sévères contre la fraude.

Mais il résulte de l'article 9 et de l'article 10, que les autres membres de l'Union ne pourront pas nous demander de faire pour eux plus qu'il n'est dit dans ces articles. En se fondant sur l'assimilation aux nationaux que leur assure l'article 2, ils ne pourraient invoquer le bénéfice de notre article 19 (1857) p arce que cet article est conçu dans des termes tels qu'il ne doit s'appliquer qu'à la protection d'intérêts français (M. Bozérian l'a dit formellement à la conférence quand on a entamé la discussion de l'article 9 P. V. page 80).

Mais chez nous, pour les marques et les noms français, nous conservons toujours le droit d'appliquer l'article 19 à la lettre. Pour soutenir la légitimité de cette application, nous n'avons pas seulement le principe du minimum d'unification que nous invoquions tout à l'heure, nous avons encore les paroles formelles de M. le président Bozérian qui disait, dans une des dernières séances : « On a distrait de l'article 9 ce qui concernait « la saisie des marques apposées sur les marchandises « en transit, mais il a été bien entendu que, si un « État voulait autoriser cette saisie, il serait libre de « le faire, et que la disposition de la loi française qui « l'autorise restera en vigueur. »

On ne peut rien trouver de plus formel, rien qui réponde plus victorieusement à ceux qui prétendent que la convention nous a désarmés en partie contre les usurpateurs étrangers.

Ainsi, nous restons libres d'appliquer une loi repressive plus sévère, et nous pourrions même, ce qui n'est guère probable, adoucir à notre gré les pénalités en ce qui concerne la protection de nos propres intérêts. Une seule chose nous est interdite par la convention, c'est de refuser aux membres de l'Union le bénéfice des dispositions formelles des articles 9 et 10.

Art. 11 — « Les hautes parties contractantes s'enga- « gent à accorder une protection temporaire aux inven- « tions brevetables, aux dessins ou modèles industriels, « ainsi qu'aux marques de fabrique ou de commerce, « pour les produits qui figurent aux expositions inter- « nationales officielles ou officiellement reconnues. »

Cet article a surtout une grande importance pour les brevets, les dessins et les modèles. On comprend qu'un inventeur, avant de faire la dépense d'une demande de brevet dans plusieurs pays, soit heureux de s'assurer du succès qui attend son invention en l'envoyant à une grande exposition. Pour les marques, le danger paraît moins grand, si l'on considère que, dans beaucoup de pays, le dépôt est simplement déclaratif, et que, par conséquent, l'usurpateur d'une marque exposée ne s'en assurera pas, par enregistrement frauduleux, la propriété définitive. Néanmoins la disposition présente encore en cette matière une grande utilité, non seulement dans les pays où le dépôt est attributif, mais même dans les autres, car il n'est pas toujours facile de prouver l'antériorité d'usage.

L'idée de cette disposition est empruntée aux lois particulières que divers États avaient faites avant chaque exposition universelle pour assurer aux exposants qu'ils ne verraient pas leurs droits méconnus en apportant leurs produits. Des lois de cette nature ont été promulguées en France pour l'exposition universelle de 1867, pour celle de 1878 et pour l'exposition d'électricité de 1881.

La protection accordée aux exposants consiste dans un délai, partant de quelques mois avant l'ouverture de l'exposition pour prendre fin à une certaine époque après la fermeture. Pendant ce délai, aucun dépôt valable ne peut être fait par un autre que l'exposant protégé.

L'article 11 de la convention de 1883 ne définit pas
le mode de protection à employer, il laisse à chaque
État le soin de règlementer ce sujet à son gré.

Nous ne citerons plus maintenant qu'un article du
traité d'Union, l'article 15 :

« Il est entendu que les hautes parties contractantes
« se réservent respectivement le droit de prendre sépa-
« rément entre elles des arrangements particuliers pour
« la protection de la propriété industrielle, en tant que
« ces arrangements ne contreviendraient point aux dis-
« positions de la présente convention. »

On ne peut que louer la sagesse de cette disposition.
Si l'on avait voulu rendre les liens de l'Union trop
étroits et interdire à chaque État contractant de conclure avec un autre État concordataire une convention
spéciale, le traité de 1883, au lieu d'être, comme on l'a
voulu, un instrument de progrès, serait devenu un impe-
dimentum dans la marche vers les réformes. En effet, il
est plus difficile de s'entendre à douze qu'à deux,
et s'il avait fallu obtenir toujours l'assentiment des
pays cosignataires, il est probable que rarement un
résultat utile aurait été obtenu. Les États signataires
des traités particuliers prévus par l'art. 15 serviront
d'éclaireurs à l'Union, prépareront les innovations dans
lesquelles elle pourra s'engager après eux, le progrès
ne sera pas ralenti, et chacun des États sera mis plus
à même de profiter de l'expérience des autres par suite
des liens que crée l'Union.

L'œuvre de la conférence internationale a été l'objet des plus vives attaques : une véritable campagne a été menée contre elle par le *Journal des Procès en contrefaçon* dans les années 1885 et 1886. Les chambres (1) de commerce françaises ont accueilli avec une facilité souvent irréfléchie la plupart des critiques dont elle a été assaillie. La Chambre de commerce de Paris s'est distinguée au premier rang par son hostilité (2). Quelques unes cependant ont reconnu que la convention présentait des avantages sérieux et pouvait être améliorée facilement sur les points signalés comme défectueux (3).

Nous n'avons pas à prendre parti sur les articles critiqués qui ne se rapportent pas directement à notre matière. Au sujet des marques et du nom commercial qui seul nous intéresse, les attaques ont porté sur les articles 9 et 10 de la convention.

On a dit que ces articles enlevaient à nos nationaux une partie des avantages que leur assurait l'article 19 de la loi de 1857. (4) Nous avons réfuté d'avance ces critiques en établissant que l'article 19 devait, nonobstant la Convention, recevoir encore son application

---

(1) Chambre de Commerce de Châlon-sur-Saône, Autun et Louhans. (3 mars 1886) de Toulouse, de Valenciennes et Avesnes (22 juin 1885).

(2) Lire le curieux rapport de M. Jules Piault à cette Chambre (séance du 8 juillet 1885).

(3) Ch. de C. de Clermont-Ferrand (Rapport du 8 février 1886), de Saint-Etienne (Rapport du 12 mars 1886).

(4) Rapport de M. Jules Piault précité.

entière pour protéger les intérêts français, nous jugeons inutile de revenir sur ce sujet (1).

L'agitation créée contre le traité de 1883 avait pour but de provoquer de grandes modifications et au besoin la dénonciation pure et simple, à l'occasion de la Conférence de Rome, qui devait se réunir au mois de mai 1886 pour procéder à la révision prévue par l'article 14 de la Convention. Cette conférence a eu lieu du 29 avril au 11 mai 1886. Nous allons examiner les résultats auxquels elle a abouti.

Conférence de Rome (Avril-Mai 1886).

Tous les États de l'Union étaient représentés à cette conférence, sauf la république Dominicaine, le Guatémala et le Salvador. D'autre part, sept États n'appartenant pas à l'Union avaient accepté l'invitation de l'Italie : l'Allemagne, les États-Unis d'Amérique, le Luxembourg, le Mexique, le Paraguay, la Roumanie, l'Uruguay ; leurs délégués prirent part aux discussions, mais n'eurent pas le droit de voter.

La conférence aborda immédiatement (29 avril) la

(1) Si la convention a eu des détracteurs, elle a eu aussi d'ardents défenseurs.

Voir : une brochure de M. Claude Couhin, un mémoire de MM. L. Lyon Caen et Albert Cahen, un article de M. Pouillet (Loi des 13, 14, 15 et 16 décembre 1885), une brochure de M. Bozérian, intitulée *la convention internationale* du 20 mars 1883, et insérée en grande partie dans le journal *le Temps* des 7, 8 et 21 janvier 1886, une brochure de MM. Assi et Genès, enfin un travail d'ensemble publié par la société l'*Union des fabricants*.

discussion des textes que lui avaient proposés les différentes administrations. Les deux propositions les plus graves, en ce qu'elles étaient en désaccord avec le texte de la Convention de 1883, émanaient de la France et de la Belgique. Elles étaient en opposition formelle l'une avec l'autre. La France voulait obliger le breveté à se livrer à une véritable fabrication sur le territoire des États où il était protégé, sous peine d'encourir la déchéance de son droit. La Belgique, au contraire, proposait qu'il ne pût être prononcé de déchéance faute d'exploitation.

On allait ouvrir la discussion quand la délégation des Pays-Bas demanda qu'on se prononçât au préalable sur la question de savoir si la convention de 1883 devait ou non être revisée ; elle émit l'avis qu'une révision serait prématurée. La conférence se rangea à cette opinion et décida que l'œuvre de 1883 resterait intacte, mais qu'on pourrait y ajouter des articles purement additionnels. Trois articles additionnels furent adoptés, l'un concernant l'article 5, sur l'interprétation du mot « exploiter » en matière de brevets, dont nous n'avons pas à nous occuper, les deux autres relatifs à l'article 10. Voici le texte du premier de ces deux articles : 1. — « Tout produit portant illicitement une indi-
« cation mensongère de provenance pourra être saisi
« à l'importation dans tous les États contractants.
« La saisie pourra également être effectuée dans le pays
« où l'indication mensongère aura été apposée, ainsi

« que dans le pays où le produit aura été introduit.

« La saisie aura lieu à la requête soit du ministère
« public soit de la partie intéressée, individu ou société,
« conformément à la législation intérieure de chaque
« État.

« Les tribunaux de chaque pays auront à décider
« quelles sont les appellations qui, à raison de leur
« caractère générique, échappent aux présentes dispo-
« sitions.

« Les autorités ne sont pas tenues d'effectuer la
« saisie en cas de transit ».

Cette disposition, proposée par les délégués de la
Grande-Bretagne, fut vivement combattue par les représentants de l'Italie. D'après M. Monzilli, elle allait
contre un usage constant, dont ne pouvait se plaindre
le pays même qu'on mentionnait faussement sur les
produits, cette mention lui procurant une « réclame
gratuite ». Le parlement italien se refuserait probablement, dit il, à prendre l'engagement de faire saisir en
Italie tous les produits nationaux et étrangers portant
une fausse indication de provenance.

M. Nicolas délégué français combattit énergiquement cette thèse et déclara qu'il entendait pour la première fois affirmer qu'un nom de localité ne pouvait
être considéré comme une propriété industrielle. Le
délégué de l'Angleterre se joignit à lui et demanda à
M. Monzilli si c'était au nom de la probité commer-

ciale qu'il parlait. Il lui fut répondu que, sans doute, l'apposition d'une fausse indication de provenance était immorale, mais que c'était un acte étranger à la question de la propriété industrielle.

Par huit voix (Belgique, France, Espagne, Grande-Bretagne, Norwège, Pays-Bas, Suède et Tunisie) contre une (Italie) et trois abstentions (Brésil, Serbie, Suisse) la proposition fut adoptée. On en saisit facilement toute la portée :

C'est la consécration du principe qu'on avait jugé trop ambitieux en 1883 et qui n'avait été alors qu'en partie reconnu. Avec l'article additionnel, la saisie deviendrait possible même dans le cas où l'indication de provenance ne serait pas accompagnée d'un nom commercial fictif ou emprunté dans une intention frauduleuse. De plus, d'après le deuxième et le troisième alinéas, on pourrait également saisir les produits faussement marqués dans le pays d'apposition et dans le pays d'importation; résultat considérable si l'on songe que la plupart des lois étrangères ne punissent pas la fausse mention de provenance.

L'avant dernier paragraphe a eu pour but, comme il est facile de le voir à sa lecture, de répondre aux objections qui s'élevaient sur la difficulté de distinguer la véritable indication de provenance de la mention d'une fabrication spéciale ou d'un genre de produit.

Quant au second article additionnel à l'art. 10, il est

loin de mériter une aussi complète approbation. En
voici la teneur.

« Il n'y a pas *intention frauduleuse* dans le cas
« prévu par le paragraphe 1er de l'article 10 de la Con-
« vention, lorsqu'il sera prouvé que c'est du consente-
« ment du fabricant dont le nom se trouve apposé
« sur les produits importés que cette apposition a été
« faite. »

On se souvient que l'article 10 permettait la saisie
des produits révétus d'une indication mensongère de
provenance quand elle était jointe à un nom commercial... emprunté dans une intention frauduleuse.

Il est facile de comprendre quelle hypothèse vise
l'article additionnel. C'est celle qui a donné lieu aux
arrêts de cassation contradictoires de 1864 et de 1884
relatés dans notre seconde partie, et à deux circulaires
ministérielles que nous avons mentionnées : un fabricant ou un négociant commande à l'étranger des produits sur lesquels il fait apposer son nom et celui de la
localité de son établissement.

Nous avons dit qu'à notre avis il y avait là une véritable concurrence déloyale qui justifiait l'application de
l'article 19 de la loi de 1857, et nous avons approuvé
l'arrêt de la Cour de cassation rendu en ce sens en
1884. Rappelons-nous que, dans l'affaire soumise à
la Cour suprême, il s'agissait de marchandises fabriquées en Italie, et nous ne nous étonnerons pas que
l'article additionnel, proposé par la délégation belge,

ait été énergiquement soutenu par les représéntants italiens. Une seule chose pourra cependant nous surprendre, c'est que ceux-ci qui plaidaient, on peut le dire, *pro domo*, aient accusé les délégués français de quitter le terrain de la propriété industrielle pour faire de la politique économique.

M. Dujeux, (Belgique) qui proposa l'article, expliqua qu'il avait en effet pour but de combattre l'interprétation que la Cour de cassation avait donnée en 1884 du mot « fraude », et que la circulaire ministérielle de 1886 avait consacrée.

M. Nicolas (France) déclara « que la proposition de « M. le délégué belge aurait le grave résultat de modi- « fier de fond en comble, au détriment de l'industrie « française, l'article 19 de la loi du 23 juin 1857..... que « la délégation française devait se refuser à une con- « cession qui permettrait à des commerçants fran- « çais de faire fabriquer leurs produits à l'étranger et de « les vendre ensuite comme provenant de fabricants « français. »

Malgré cette énergique protestation, la proposition de la Belgique fut votée par 5 voix (Belgique, Espagne, Grande-Brétagne, Italie et Pays-Bas) contre 4 (France, Norwège, Suède et Tunisie) et trois abstentions (Brésil, Serbie , Suisse).

Pour bien comprendre la portée de cet article additionnel, il est nécessaire de rappeler les solutions admises en 1883 à propos du nom commercial et de

l'indication de fausse provenance, et de les combiner
avec les dispositions nouvelles de 1886.

En 1883, d'après l'article 9, tout produit revêtu d'un
nom commercial *usurpé* peut être saisi à l'importation
dans tous les États contractants. Soit un produit étranger portant le nom de Bernard, commerçant français,
Bernard pourra provoquer la saisie dans tous les pays
concordataires, *que l'usurpation de son nom soit ou
non accompagnée d'une indication de provenance
française.*

Supposons maintenant qu'un produit, fabriqué à l'é-
tranger, est revêtu, comme indication de provenance,
du nom d'une localité française sans apposition d'un
nom de personne : la saisie ne peut avoir lieu en
vertu de l'article 10, car cet article ne la permet pas
quand il n'y a qu'une fausse mention de provenance.
Si, à l'indication mensongère d'une localité française
comme lieu de fabrication vient s'ajouter un nom de
personne fictif, (art. 10) la saisie pourra avoir lieu :
Exemple : Phénix à Sedan, (étant donné qu'aucun
habitant de Sedan ne porte le nom de Phénix).

Enfin, le nom de la localité française faussement indiquée comme lieu de provenance est joint à un nom de
personne employé avec le consentement de son propriétaire. Dans ce cas il n'y a pas usurpation, donnant
lieu à l'application de l'article 9, mais *emprunt* du nom
de personne, le Français titulaire du nom jouant le rôle
de prêteur, et le fabricant étranger celui d'emprunteur.

La saisie pourra avoir lieu en vertu de l'article 10, s'il est reconnu qu'il y a eu un concert frauduleux entre le prêteur et l'emprunteur dans le but de tromper le public sur la provenance réelle du produit. Peu importe, dans ce cas, que le prête-nom soit commerçant, fabricant, ou même simple particulier. (1)

En 1886, l'article 9 reste en vigueur, on peut donc toujours saisir dans le cas *d'usurpation* d'un nom de personne.

Mais l'article 10 est modifié par les deux articles additionnels.

Du premier de ces articles il résulte que la saisie pourra maintenant avoir lieu dans le cas où les produits étrangers porteront seulement une indication mensongère de provenance française exemple : Sedan.

Rien n'est changé dans le texte à ce qui concerne le nom de personne fictif joint à la mention mensongère d'un lieu de fabrication française, mais, par suite de l'adoption du premier article additionnel, la disposition de l'article 10 (ancien) qui visait cette hypothèse, est devenue inutile, puisque la fausse mention de provenance suffit désormais à motiver la saisie.

Il n'en est pas de même quant au nom de personne emprunté dans une intention frauduleuse pour rendre

______

(1) Le nom même d'un simple particulier peut être employé avec fruit pour rendre plus vraisemblable une fausse indication de provenance, cela se produira dans le cas ou le particulier portera un nom similaire de celui d'un fabricant établi dans la ville indiquée, ou bien aura dirigé autrefois un établissement renommé dans cette ville.

plus vraisemblable une fausse mention de provenance.

En 1883 les tribunaux avaient pleine liberté pour apprécier dans quel cas il y avait intention frauduleuse. En 1886 cette liberté d'appréciation subsiste seulement dans le cas ou le prête-nom est commerçant ou simple particulier; mais s'il est fabricant, elle cesse, et l'article additionnel déclare qu'alors la saisie ne peut avoir lieu.

En résumé (tout ce qui avait rapport au nom fictif étant devenu surérogatoire par l'adoption du premier article additionnel) l'article 10, avec les modifications de 1886, contient maintenant une règle et une exception:

La règle c'est qu'on peut saisir tout produit revêtu d'une fausse indication de provenance, l'exception c'est que la saisie ne pourra avoir lieu quand le nom d'un fabricant aura été joint à cette indication avec le consentement de ce fabricant.

Telles nous paraissent être les solutions qui résultent du seul rapprochement des textes.

Nous n'avons pas besoin d'insister sur le caractère dangereux du second article additionnel, nous avons démontré que, dans le cas qu'il prévoit, il pouvait y avoir une véritable concurrence déloyale, et nous avons vu que cette fraude était malheureusement trop fréquente en France.

L'adoption de cet article serait d'autant plus préjudiciable aux intérêts français qu'il semble résulter de la discussion de 1886 que l'article 10 doit s'appliquer non plus seulement dans le cas d'introduction dans un pays concordataire autre que la France, mais à l'importation en France même. En 1880 nous avons vu qu'au contraire on avait voulu réserver l'application intégrale de l'article 19 de notre loi française pour cette dernière hypothèse. Les paroles de M. Dujeux, auteur du second article additionnel, et la réponse de M. Nicolas, que nous avons rapportée plus haut, montrent que les plénipotentiaires de 1886 se sont séparés sur ce point de leurs devanciers (1).

On a donné du second article additionnel à l'article 10 une interprétation différente de celle qui nous a paru résulter du simple rapprochement des textes, et qui serait de nature à satisfaire pleinement les intérêts français. La personnalité de l'auteur de cette interprétation lui communique une grande valeur, et nous devons l'examiner avec soin.

M. Pelletier, délégué de la Tunisie à la Conférence de Rome, dans deux réunions du syndicat des Ingénieurs et Conseils en matière de propriété industrielle, a présenté l'explication suivante de l'article (2).

D'après lui, la disposition ne vise pas le cas où une indication de provenance est jointe à un nom de fabricant, mais seulement celui où le nom de fabricant est employé isolément. Si une indication de provenance y

(1) Voir à ce sujet une communication de M. Emile Bert à la société des ingénieurs civils, (séance du 15 octobre 1886.).

(2) Voir le Bulletin du Syndicat, n° 4, compte-rendu des séances du 28 juin et du 27 décembre 1886.

était jointe, la saisie resterait possible nonobstant le consentement donné par le fabricant à l'apposition de son propre nom. M. Pelletier appuie son interprétation sur les travaux de la conférence et spécialement sur une observation de M. Perruzzi qui la présidait. Au cours de la discussion M. Perruzzi a dit, en effet, que le délégué belge, dans sa proposition, « n'avait pas visé « l'indication de provenance des produits, mais les « noms empruntés dans une intention frauduleuse. »

Si l'on admet cette interprétation, le second amendement à l'article 10 n'offre plus rien de dangereux au point de vue des intérêts français : la saisie à la frontière en cas d'indication de fausse provenance reste possible dans toutes les hypothèses, que cette indication soit ou ne soit pas accompagnée d'un nom de personne (de fabricant, de négociant ou de simple particulier). L'amendement se rapporte uniquement à l'importation d'un produit portant seulement le nom d'un fabricant apposé avec le consentement de celui-ci.

Nous regrettons de ne pouvoir admettre l'interprétation de M. Pelletier. Elle nous paraît en contradiction avec les textes votés et avec les travaux préparatoires de la conférence tels qu'ils nous ont été transmis dans les procès-verbaux officiels, enfin elle fait de l'amendement une disposition parfaitement inutile.

Elle est en contradiction avec les textes, car les mots « intention frauduleuse », que l'amendement veut commenter, se trouvent dans un article qui prévoit non pas

une seule apposition, celle du nom, comme il faudrait
l'admettre avec M. Pelletier, mais deux appositions :
celle d'une indication de provenance et celle d'un nom
commercial emprunté. Rien ne peut prévaloir contre ce
rapprochement des textes formels ; si la conférence avait
réellement voulu donner à l'amendement le sens que
lui prête M. Pelletier, il faudrait reconnaître qu'elle a
dit autre chose que ce qu'elle voulait dire.

Mais est-il certain que les plénipotentiaires aient
tous entendu l'article comme l'entendait le délégué de
la Tunisie ? à ne lire que les procès-verbaux officiels
il est permis d'en douter. M. Dujeux, en commen-
tant le texte proposé (celui qui fut voté), a dit formellement, nous l'avons vu, que l'article additionnel
avait pour but de réagir contre l'interprétation que la
jurisprudence française avait donnée aux mots « intention franduleuse » dans un cas où il s'agissait bien
d'une fausse indication de provenance. M. Nicolas l'a
compris ainsi, et c'est pour cela qu'il a protesté énergiquement. Quant aux paroles du président Perruzzi,
il est possible de les comprendre dans un autre sens
que celui qu'y attache M. Pelletier. Après les observations de M. Nicolas, un délégué, qui était précisément celui de la Tunisie fait observer, disent les
procès-verbaux, page 122, que les mots « *intention*
« *frauduleuse* pourraient recevoir une interprétation
« *plus large* que celle prévue par M. le délégué de la
« Belgique ; c'est pourquoi le consommateur doit être

« protégé contre les indications de fausse prove-
« nance des objets qui pourraient avoir lieu dans le
« cas d'une entente entre l'introducteur et le destina-
« taire fabricant. » Si nous comprenons bien cette
observation, elle témoigne que son auteur redoutait
que le consentement donné à l'apposition de la mention
de provenance par le fabricant destinataire pût, dans
tous les cas, innocenter l'importation, que la mention
de provenance fût ou ne fût pas accompagnée d'un
nom de personne. C'est alors que le président, pour
rassurer le délégué de la Tunisie, déclara qu'à son avis
M. Dujeux dans sa « proposition ne visait pas l'indi-
« cation de provenance mais les noms empruntés dans
« une intention frauduleuse. » L'observation de M. Perruzzi avait pour but, croyons-nous, de conserver son
caractère frauduleux à l'indication de fausse provenance
employée seule, sans adjonction du nom d'un fabricant prenant en quelque sorte les produits sous sa
responsabilité. Il nous semble impossible de donner
aux paroles de M. Perruzzi un autre sens, à moins de
croire que le président n'avait pas entendu les observations si claires de MM. Dujeux et Nicolas.

Enfin, à quoi sert l'amendement interprété comme
le veut M. Pelletier? Il déclare qu'un fabricant français
pourra faire apposer son nom, son nom seul, sur des
produits fabriqués à l'étranger sur son ordre. Qui donc
lui a jamais contesté ce droit? Est-ce l'arrêt de 1884
visé par M. Dujeux? Nullement. Le fabricant est pro-

priétaire de son nom, il l'appose partout où bon lui semble. Sans doute il est des fabricants (1) tellement connus qu'il est impossible de prononcer leurs noms sans qu'immédiatement celui de la ville où ils exploitent vienne à l'esprit, par une association d'idées indissoluble. Mais peut-on soutenir que ces fabricants doivent être punis parce que le public voit alors dans leur seul nom comme une indication tacite de provenance? Aucune législation, aucun arrêt ne l'a encore décidé, et les principes de la législation française nous semblent s'y opposer. Tant qu'on n'imposera pas aux fabricants l'obligation d'indiquer dans quelle localité ont été fabriqués leurs produits, il nous paraît impossible que l'on punisse ces fabricants dans l'hypothèse que prévoit l'amendement d'après M. Pelletier. L'article additionnel ainsi interprété ne répond donc à aucune nécessité présente ou même prochaine.

D'ailleurs, si l'article additionnel avait le sens indiqué par M. Pelletier, ce n'est pas à l'article 10 et pour interpréter l'expression : *emprunté dans une intention frauduleuse* qu'il aurait fallu le rattacher, mais bien à l'article 9 et pour commenter le mot : « *illicitement.* » Il aurait eu alors pour but de décider qu'il n'est pas illicite d'employer le nom d'un fabricant avec le consentement de celui-ci ; on aurait pu encore contester son utilité, mais il eût été à sa place.

(1) Voir à ce sujet les observations de M. Ch. Lyon Caen dans la séance du syndicat des ingénieurs et conseils en matière de propriété industrielle du 28 déc. 1886.

Si contraire que nous ait paru le système de M. Pelletier aux textes et aux discussions rapportées dans les procès-verbaux, nous n'aurions pas osé contredire cette interprétation de l'intention des négociateurs par l'un d'entre eux, si nous n'avions pas à invoquer dans notre sens une autorité aussi bien renseignée que M. le délégué de la Tunisie, et revêtue d'un caractère aussi officieux. Nous voulons parler du Bureau international de Berne qui, dans le journal *La propriété industrielle*, organe officiel de l'Union, a donné du 2ᵉ article additionnel à l'article 10 l'explication que nous avons développée. (Le Bureau international, avait un représentant à la Conférence de Rome). (Voir *La propriété industrielle,* numéro du 1ᵉʳ juillet 1886).

Le syndicat des Ingénieurs et Conseils après avoir entendu les explications de M. Pelletier a exprimé le désir qu'une déclaration complémentaire « vint pré-
« ciser, dans le sens indiqué par lui, les articles addi-
« tionnels à l'article 10 dont le texte, abstraction faite
« des travaux préparatoires, pourrait prêter à des inter-
« prétations différentes ». Nous nous associons d'autant plus volontiers à ce vœu que nos doutes sur la valeur de l'interprétation de M. Pelletier sont encore plus grands que ceux du syndicat.

— La Conférence fut saisie ensuite d'un projet de règlement préparé par l'administration Italienne et le bureau international.

Un article de ce projet, qui fut adopté, avait pour but

de déterminer dans quelles conditions devaient se trouver les sujets des États étrangers à l'Union pour pouvoir invoquer le bénéfice de l'article 3. Voici le texte de cet article : « Pour pouvoir être assimilés aux « sujets ou citoyens des États contractants, aux termes « de l'article 3 de la convention, les sujets ou citoyens « d'États ne faisant pas partie de l'Union et qui, sans « y avoir leur domicile, possèdent des établissements « industriels ou commerciaux sur le territoire d'un des « États de l'Union, doivent être propriétaires exclusifs « desdits établissements, y être représentés par un « mandataire général, et justifier, en cas de contesta- « tion, qu'ils y exercent d'une manière réelle et con- « tinue leur industrie ou leur commerce. »

Cette disposition a pour but de répondre aux préoccu- pations de ceux qui craignaient que le bénéfice de la convention ne fût étendu trop facilement à des étran- gers ne possédant sur le territoire de l'Union que des installations commerciales ou industrielles sans impor- tance.

Nous trouvons encore à citer, dans le règlement voté à Rome, un article concernant spécialement les mar- ques de fabrique et de commerce.

« Pour assurer la protection des marques de fabri- « que ou de commerce de leurs ressortissants dans « tout le territoire de l'Union, les administrations du « pays d'origine leur délivreront une attestation cons- « tatant que lesdites marques ont été déposées dans le

« pays d'origine. — La légalisation de l'attestation ci-
« dessus n'est pas requise. »

Quatre articles du règlement définissent la protection
temporaire dont parlait l'article 11 de la convention :

1. — « La protection temporaire prévue à l'article 11
« de la convention consiste dans un délai de priorité,
« s'étendant au minimum jusqu'à six mois à partir du
« jour de l'admission du produit à l'exposition, et pen-
« dant lequel l'exhibition, la publication ou l'emploi
« non autorisé par l'ayant droit de l'invention, du des-
« sin, du modèle ou de la marque ainsi protégés, ne
« pourront pas empêcher celui qui a obtenu la dite pro-
« tection temporaire de faire valablement, dans ledit
« délai, la demande de brevet ou le dépôt nécessaire
« pour s'assurer la protection définitive dans un des
« États contractants.

2. — « La susdite protection temporaire n'aura d'effet
« que si, pendant sa durée, il est présenté une demande
« de brevet ou fait un dépôt en vue d'assurer à l'objet
« auquel elle s'applique la protection définitive dans un
« de États contractants.

3. — « Les délais de priorité mentionnées à l'article 4
« de la convention sont indépendants de ceux dont
« il est question dans le premier paragraphe du pré-
« sent article... »

Le quatrième article vise une question spéciale aux
brevets.

Enfin le règlement se termine par une section intitulée « Statistique » dans laquelle sont indiqués les renseignements que les administrations doivent envoyer chaque trimestre au bureau de l'Union.

Avant de se séparer, les délégués émirent le vœu que les États de l'Union ne possédant pas encore de lois sur toutes les branches de la propriété industrielle complétassent, dans le plus court délai possible, leur législation sur ce point.

Cette disposition visait spécialement la Suisse et les Pays-Bas qui n'avaient pas encore de loi sur les brevets d'invention.

Parmi les propositions soumises à la conférence et non admises par elle, une surtout mérite de retenir notre attention. Elle émanait de l'administration suisse, et avait pour titre : Enregistrement international des marques de fabrique ou de commerce.

Voici quel était le but de ce projet : une marque ayant été déposée dans un des pays de l'Union, son propriétaire aurait pu, moyennant paiement d'une certaine taxe, la faire enregistrer au bureau international de Berne et obtenir par ce moyen la protection dans tous les autres États concordataires. Cet enregistrement aurait été purement facultatif, et on ne l'aurait opéré que sur la demande des intéressés.

Présenté de cette façon, l'enregistrement international n'aurait pas produit, croyons-nous, les effets qu'on en attendait : on voulait surtout faciliter les recherches de ceux qui choisissent une marque destinée à

être employée à l'étranger, et leur éviter les frais que
coûtent les intermédiaires près de chaque administration centrale. Mais, en instituant le dépôt international
facultatif, on ne pouvait arriver à ce résultat. En effet,
à côté des marques internationales auraient subsisté
les marques purement nationales déposées seulement
dans un État de l'Union. Celui qui aurait voulu être
protégé dans cet État aurait toujours été obligé de consulter les dépôts opérés à son administration centrale.
Il est vrai qu'il aurait pu avoir quelques renseignements au bureau international d'enregistrement, mais
ces renseignements eussent été insuffisants, ne portant
que sur les marques protégées dans toute l'Union. Pour
mieux faire comprendre notre pensée, prenons un
exemple : un Français veut obtenir l'enregistrement
international de sa marque ; par hypothèse son dépôt
est opéré en France, il demande des renseignements au
bureau international ; d'après ces renseignements aucune
marque semblable à la sienne n'a été enregistrée à ce
bureau ; est-il sûr pour cela que le droit de priorité lui
sera assuré dans tous les pays de l'Union ? Nullement,
car, pour que le droit exclusif lui soit assuré en Italie,
en Belgique, en Angleterre, en Espagne etc., il faut encore
qu'aucun dépôt n'ait été fait d'une marque purement
nationale dans ces pays avant le moment où a com-
mencé à courir le délai de l'article 4 de la convention.
Il sera donc encore forcé de s'adresser aux administra-

tions nationales, de recourir aux intermédiaires, de supporter les frais qu'on veut lui éviter.

Pour que l'enregistrement international pût produire les effets qu'on en attend, il faudrait, selon nous, qu'il fût obligatoire; de cette façon, toutes les marques des pays de l'Union étant enregistrées ensemble, les renseignements exacts et complets pourraient être fournis du bureau de Berne. Reste à savoir si ces renseignements pourraient être recherchés facilement dans cette tour de Babel des marques, si les lenteurs forcées d'une administration centralisée à ce point ne feraient pas bientôt regretter le système moins savant des dépôts indépendants, enfin si tout ce système ne suppose pas réalisée, l'unification des législations sur les effets du dépôt? Toutes ces questions, que nous sommes obligés de nous poser, nous font craindre que l'heure de l'enregistrement international se fasse encore longtemps attendre.

Pourtant les résultats obtenus par la convention sont de nature jusqu'ici à nous donner une grande confiance dans l'avenir. Grâce à elle et aux travaux qui l'ont précédée, un mouvement s'est manifesté dans tous les pays dans le sens de la protection de la propriété industrielle. Nous avons vu que la plupart des lois étrangères sur les marques dataient de moins de dix ans, c'est-à-dire de la période qui s'est écoulée depuis le congrès de 1878 qui fut le berceau de l'Union internationale. Plusieurs lois sur les brevets ont été aussi promulguées à l'étranger dans le même espace de temps. Bientôt il n'y aura plus de pays d'élection pour la contrefaçon, le commerce et l'industrie y trouveront d'immenses avantages, et la morale n'y perdra rien.

Les adversaires de la convention de 1883, qui en proposaient la dénonciation, ont mis à l'ordre du jour la question de savoir quelle serait la position de la France vis-à-vis des États concordataires si cette dénonciation avait lieu.

Au point de vue des marques, la situation ne serait guère modifiée. Nous possédons en effet des traités particuliers sur cette matière avec tous les pays importants de l'Union : (avec la Grande-Bretagne, (28 février 1882) ; l'Espagne, (6 février 1882) ; l'Italie, (29 juin 1862, complété le 3 novembre 1881) ; la Belgique, (31 octobre 1881) ; la Suède et la Norvège, (30 décembre 1881) ; la Suisse, (23 février 1882) ; le Portugal, (19 décembre 1881) ; les Pays-Bas, (26 novembre 1887) ; le Brésil, (12 avril 1876) ; les États-Unis, (16 avril 1869).

Mais pour les noms commerciaux, la dénonciation aurait pour résultat de faire cesser la réciprocité diplomatique avec tous les États, sauf l'Angleterre et la Suisse, qui sont les seuls pays dont les traités avec la France contiennent des dispositions particulières sur cette matière.

De plus, les conventions de protection des marques étant, pour la plupart, liées au sort des traités de commerce, la question de la protection internationale de la propriété industrielle se représenterait à l'expiration de ces traités. Aussi pour l'Italie, le traité de commerce dénoncé devant prendre fin le 1er janvier 1888, à cette époque les marques italiennes cesseraient d'être protégées chez nous dans les termes du traité de 1862-1881. Il est vrai que, l'Italie accordant aux étrangers les mêmes droits qu'aux nationaux indépendamment de tout traité, la loi italienne des marques s'appliquerait encore aux Français, et, par suite, grâce à l'article 9 de notre loi de 1873, la loi française aux Italiens. Mais les uns comme les autres cesseraient de pouvoir invoquer, soit en France soit en Italie, les dispositions particulières sur l'aspect du signe employé comme marque contenues dans le traité : les marques françaises devraient être appréciées en Italie d'après la loi italienne.

Enfin la dénonciation de la convention d'Union priverait les propriétaires de marque du droit d'invoquer les délais de priorité (de l'art. 4) pour opérer le dépôt à l'étranger.

On s'est demandé aussi quelle serait la conséquence pour un État, signataire du traité de 1883, du refus d'adhérer aux dispositions votées par la conférence de Rome. Certaines personnes ont pensé que, par ce seul fait, l'État en question se trouverait exclu de l'Union, parce que les articles additionnels faisaient un tout indivisible avec le texte de 1883. Cette opinion n'est peut-être pas exacte. La méthode adoptée par les négociateurs de 1886 nous semble contredire cette interprétation. En décidant, au commencement de leurs travaux, que le texte de 1883 ne serait pas révisé, qu'on y ajouterait seulement quelques dispositions, les plénipotentiaires ont voulu, sans doute, témoigner qu'ils continuaient à considérer les dispositions primitives comme bases suffisantes de l'Union. Il est permis de critiquer cette méthode et de dire qu'elle n'a été qu'imparfaitement suivie, les articles additionnels votés se conciliant difficilement avec les dispositions anciennes, mais le seul fait d'avoir voulu la mettre en pratique semble bien démontrer que l'œuvre de 1886 ne fait pas corps avec celle de 1883. En refusant, de modifier le texte primitif, on peut dire que la réunion de Rome perdait son caractère de Conférence de revision dans les termes de l'article 14 de la Convention, qu'elle formait désormais un Congrès ayant pour but de constituer en quelque sorte une entente accessoire de l'Union primitive qu'on laissait intacte. Dès lors, loin d'être exclus du bénéfice de la Convention de 1883, sauf à reformer entre eux, comme on l'a dit, une Union nouvelle, les États non signataires du Protocole de Rome restent dans l'Union primitive, et ce sont les États signataires de ce texte qui forment entre eux une nouvelle association d'États, impliquant l'accession à l'Union primitive, mais ne s'y substituant pas.

Si la Conférence de Rome, au lieu de proclamer dès

sa première séance le maintien de l'acte de 1883 s'était occupée de le reviser conformément à l'article 14, le pacte sorti de ses délibérations serait devenu, au contraire la seule charte de l'Union, le traité ancien étant implicitement déchiré par la résolution prise de reconstituer l'entente sur de nouvelles bases. Dans ce cas il aurait été certainement exact de prétendre que l'adhésion aux dispositions votées à Rome était la condition *sine qua non* du maintien dans l'Union.

L'échange des ratifications du Protocole de 1886 devait se produire dans le délai d'un an, d'après une disposition formelle insérée à la suite du deuxième article additionnel. Cet échange n'a pas encore eu lieu, bien qu'il se soit écoulé une année depuis la Conférence de Rome. Il n'en faut pas conclure que les résolutions votées sont devenues caduques. Le délai fixé n'est pas un délai fatal après lequel les ratifications seraient non avenues. Pour lever tout doute sur ce point il suffit de se rappeler que la Convention du *20 mars 1883* contenait une clause identique sur ce sujet, et que, cependant, les ratifications ne furent échangées que le *6 juin 1884*, c'est-à-dire bien après le terme fixé.

POSITIONS

DROIT ROMAIN

1° POSITIONS PRISES DANS LA THÈSE

I. Dans l'hypothèse d'un legs d'usufruit fait *in annos singulos*, l'estimation du legs, au point de vue de la loi Falcidie, doit être faite en traitant les revenus des deuxième, troisième ......années comme s'ils faisaient l'objet d'un legs à terme, c'est-à-dire qu'il faut déduire l'*interusurium* de leur évaluation ;

II. Deux ou plusieurs héritiers étant institués, s'il est fait un legs d'usufruit à plusieurs personnes *conjunctæ re* ou *re et verbis*, le droit d'accroissement existera entre elles, pourvu que le testateur n'ait pas assigné à chaque légataire une part héréditaire sur laquelle son legs devrait être pris exclusivement ;

III. Dans la loi 3 § 2, L. VII, T. 4, au Digeste, *Titius*, en fin de compte, n'obtient de l'usufruit légué que la part à lui attribuée en vertu de la répétition partielle du legs, et n'a droit à aucune portion par accroissement.

IV. Le legs de quasi-usufruit ne conférait jamais un droit réel.

2° POSITIONS PRISES EN DEHORS DE LA THÈSE

I. L'affranchissement direct par testament n'est pas un legs ;

II. En matière de *stipulatio pœnæ*, l'exigibilité de la peine dépend de la question de savoir si le débiteur est en faute ou non, quant à l'inexécution de l'obligation principale ;

III. Dans la vente pure et simple *res perit creditori* et non pas *res perit domino* ;

IV. La *factio testamenti* était nécessaire au donateur *mortis causa* ;

DROIT FRANÇAIS

1° POSITIONS PRISES DANS LA THÈSE

I. Même en l'absence de toute réciprocité, les étrangers peuvent défendre leurs marques en France, en invoquant l'article 1382 du Code civil ;

II. L'article 19 de la loi de 1857 doit recevoir son application même si les marchandises introduites ont été revêtues des indications de fausse provenance sur l'ordre d'un fabricant établi dans la localité indiquée. — Mais, dans ce cas, la mention apposée doit être telle qu'elle puisse faire croire à la fabrication réelle des produits dans cette localité. — Les tribunaux apprécient souverainement cette question ;

III. Sauf stipulation contraire des traités, un étranger peut déposer valablement en France une marque dont le signe ne pourrait être enregistré d'après sa loi nationale, pourvu qu'en fait ce signe n'ait pas perdu son caractère distinctif dans le pays d'origine ;

IV. Les traités de réciprocité ayant pour objet la protection des marques ne s'appliquent pas de plein droit par interprétation extensive aux noms commerciaux.

V. La Convention du 20 mars 1883 (article 9 et 10), n'abroge en aucun point l'article 19 de la loi du 23 juin 1857.

2° POSITIONS PRISES HORS DE LA THÈSE

DROIT CIVIL

I. Pour que le locataire chez lequel le feu a pris soit responsable de l'intégrité des dommages causés par l'incendie, il faut prouver contre lui qu'il y a faute de sa part ; si non, il n'est responsable que pour la valeur de son appartement ;

II. Le contrat par correspondance se forme au moment de l'émission de l'acceptation par celui à qui l'offre a été faite ;

III. La séparation des patrimoines n'est pas un véritable privilège, elle ne donne pas le droit de suite et ne constitue même pas un droit de préférence à l'égard des créanciers de la succession entre eux ;

IV. On ne peut invoquer l'article 1384 du Code civil pour réclamer des dommages-intérêts à l'État, à raison des fautes commises par ses agents.

DROIT PÉNAL

V. La cour d'assises peut accorder des circonstances atténuantes aux accusés qu'elle juge par contumace.

DROIT COMMERCIAL ET INDUSTRIEL

VI. Les médecins peuvent former entre eux des syndicats professionnels en vertu de la loi du 21 mars 1884 ;

VII. La théorie de la jurisprudence sur la subrogation en revendication de brevet d'invention doit-être rejetée.

DROIT CONSTITUTIONNEL

VIII. L'Assemblée nationale formée par la réunion du Sénat et de la Chambre des députés, en vertu de l'article 8 de la loi du 25 février 1875, a des pouvoirs illimités ; — Les résolutions préalables prises séparément par chacune des deux Chambres ne peuvent en rien diminuer sa souveraineté absolue.

DROIT INTERNATIONAL

IX. D'après le traité de Francfort du 10 mai 1871, l'option ou le défaut d'option de la part des pères de famille, n'a pas pour conséquence l'option des enfants mineurs ou la privation pour eux de ce droit.

Vu par le Doyen,
CH. BEUDANT.

Vu par le Président de la Thèse,
L. RENAULT.

VU :

et permis d'imprimer,

Le Vice-Recteur
de l'Académie de Paris,
GRÉARD.

TABLE DES MATIÈRES

———

DROIT ROMAIN

ÉTUDE SUR LES PARTICULARITÉS DU LEGS D'USUFRUIT.

DROIT FRANÇAIS

DES MARQUES DE FABRIQUE ET DE COMMERCE ET DU NOM COMMERCIAL DANS LES RAPPORTS INTERNATIONAUX

Imprimerie G. SAINT-AUBIN, 12, rue de Bar, Saint-Dizier (Haute-Marne).

Imprimerie G. Saint-Aubin, 12, rue de Bar, Saint-Dizier (Haute-Marne).